差异优势

制造差异才是脱颖而出的关键

[美] 约翰·C. 马克斯维尔（John C. Maxwell） 著

叶红婷 译

NO LIMITS

Blow the Cap off Your Capacity

湖南文艺出版社
HUNAN LITERATURE AND ART PUBLISHING HOUSE

博集天卷
CS-BOOKY

图书在版编目（CIP）数据

差异优势 /（美）约翰·C. 马克斯维尔
（John C. Maxwell）著；叶红婷译 . — 长沙：湖南文
艺出版社，2019.6
书名原文：No Limits：Blow the Cap off Your
Capacity
ISBN 978-7-5404-8911-3

Ⅰ.①差… Ⅱ.①约… ②叶… Ⅲ.①成功心理—通
俗读物 Ⅳ.①B848.4-49

中国版本图书馆 CIP 数据核字（2018）第 279930 号

著作权合同登记号：图字 18-2018-133

Copyright @ 2017 by John C. Maxwell
No Limits: Blow the Cap off Your Capacity by John C. Maxwell
This edition published by arrangement with Center Street, New York, USA.
All rights reserved.

上架建议：商业·成功励志

CHAYI YOUSHI
差异优势

作　　者：[美]约翰·C. 马克斯维尔（John C. Maxwell）
译　　者：叶红婷
出 版 人：曾赛丰
责任编辑：薛　健　刘诗哲
监　　制：蔡明菲　邢越超
策划编辑：李彩萍
特约编辑：李乐娟
版权支持：姚珊珊　文赛峰
营销支持：傅婷婷　文刀刀　周　茜
封面设计：主语设计
版式设计：利　锐
出版发行：湖南文艺出版社
　　　　　（长沙市雨花区东二环一段 508 号　邮编：410014）
网　　址：www.hnwy.net
印　　刷：三河市中晟雅豪印务有限公司
经　　销：新华书店
开　　本：880mm×1270mm　1/32
字　　数：220 千字
印　　张：10
版　　次：2019 年 6 月第 1 版
印　　次：2019 年 6 月第 1 次印刷
书　　号：978-7-5404-8911-3
定　　价：45.00 元

若有质量问题，请致电质量监督电话：010-59096394
团购电话：010-59320018

目　录

PART 1

认知：
掀掉压制你能力的帽子

PART 2

能力：
发展你已具备的能力

PART 3

选择：
做让能力最大化的事情

PART

1

认知：

掀掉压制你能力的帽子

Awareness: Remove the
Caps from Your Capacity

认识你自己。

——苏格拉底

我认为自知之明是一个人最珍贵的品质。

——伊丽莎白·爱德华兹（Elizabeth Edwards）[1]

我对这本书充满热情，因为我对你们充满热情。五十年来，我一直努力改善我的生活，也帮助别人改善生活。帮助别人成长并变得越来越好，没什么比这更让我快乐了。我写这本书，就是要专门激励并帮助你们提高能力。

我是怎样想起要写这本书的呢？我最喜欢的一件事就是与朋友们边吃饭边聊天，在一次享受这种快乐时，这个想法冒了出来。当时我们正在聊天，一个朋友开始述说潜力的重要性，以及如何才能发挥潜力。那引发了热烈的讨论，而且持续了两小时。当我们准备起身离开饭桌时，有人说："我还从没看过一本探讨能力的书，讲述如何发掘能力的呢。"

---

[1] 伊丽莎白·爱德华兹，美国 2008 年民主党总统参选人爱德华兹的妻子。她的一生命运多舛，却一直积极乐观。美国总统奥巴马在一份声明中表示："伊丽莎白虽然一生饱受挫折和艰辛，但是她向世人展示了坚毅精神和优雅的生活态度。"

其他人也表示没看过。

　　那次交谈切切实实地刺激了我。两年来，它一直在我的脑海中萦绕。我在心里一遍又一遍地思量"能力"这个选题。之后，我开始提出问题，倾听别人的想法，并学习与之相关的内容。最终，这些促使我创作了"能力挑战"。

能力挑战

如果你不断增强认知，发展才能，

并做出正确的选择，就能发掘你的能力。

换句话说：

认知 + 才能 + 选择 = 能力

　　这就是我在这本书里要呈现给你们的挑战。如果你愿意接受这个挑战，并遵循我概述的流程，你的人生将会就此改变。

　　能力挑战始于认知。在掀掉压制我能力的帽子的过程中，我采取的第一大行动就是变得有意识。而且这件事发生在我职业生涯的初期。在那个时代，牧师的典范就像照看羊群的牧羊人，职责在于维护和照顾整个群体，包括做大量的咨询工作。那就是我认为自己应当追随的典范。

　　但后来，我读了埃尔默·汤斯 [1]（Elmer Towns）写的一本书，内容

---

[1]　埃尔默·汤斯，弗吉尼亚林奇堡市的自由大学神学院院长，复旦大学客座教授。曾经获得图书金牌奖，代表作《儿子》等。

是如何影响更多人，并出色地领导教堂。那本书我爱不释手。里面的故事非常鼓舞人心。

读完那本书之后，我就想造访书中的每个教堂，并拜见那里的牧师。但我怎样才能做到这一点呢？那些牧师不认识我，他们为什么要费时间见我呢？

后来我想到了一个主意。我打算联系他们，并承诺每占用他们三十分钟就付给他们一百美元。当时我全年下来才挣四千二百美元。但我非常急切地想找出到底是什么让这些牧师变得如此成功。当十个牧师中有两位同意我的请求时，我欣喜若狂。

知道能拜见这些领导人之后，我就开始写下我打算要问的问题。我想到了很多问题。满满五页纸呢！当我与这些领导人一起坐下来时，我满怀期待，尽可能迅速地提问。很明显，我之前写下来的所有问题没能问个遍，但我在个人生活和职业生涯中真真切切地有了一次突破。我最大的发现是：这些牧师并没有把时间花在为人们提供咨询上。相反，他们把所有时间都花在为别人"配备能力"上。

起初，我并不理解这一点。我让他们解释给我听：咨询服务会帮助人们克服弱点，而为他们配备能力会帮助他们发挥自身的优点。那一刻我豁然开朗，犹如醍醐灌顶！

接着，他们解释说，如果人们运用自己的优点而不是弱点去工作，他们将会更加轻松地发掘出自己的潜力。就在那一刻，我茅塞顿开了。这些领导人不像牧羊人，并不仅仅满足于照看羊群。他们是牧场主。他们有远见。他们有开拓者的精神，在前沿创造一些新的东西。他们是在塑造和培养人，邀请人们加入，成为比自己更优秀的人。由此，将人才聚集在一起，发展他们的教堂，影响更多的人，并让世界变得不同。

那是我第一天认识到，认知对于发掘潜力是多么重要。我正在引导一些人在他们的生活中做得更好，而我能帮到他们的唯一办法，就是帮助

> 咨询服务会帮助人们克服弱点，而为他们配备能力会帮助他们发挥自身的优点。

他们更多地关注自身的优点，而不是他们的弱点。现在，战鼓敲响了——开始吧。作为一个普通人，作为一名领导人，我发掘能力的唯一办法，就是练习并发展我的优势。这个发现改变了我做所有事情的方式，而且很快我就发现，相比做一名顾问，帮别人配备能力要有意义得多。

在我的意识觉醒之前，我把自己看作一个牧羊人，照顾着我帮助的那些人的需求。在那之后，我开始以不同的方式看待我自己和我的角色。我变成了一个牧场主，引导并发展我这个群体中的人。多年来，我在各个会议上分享这个故事。在问答环节中，经常有人问："从采访的两位领导那里，您得到的最重要的东西是什么？"我的回答是"认知"。**我常常想知道，如果我没有拜见那两位领导人，我不会为人们配备能力，而是一直做咨询顾问，会做多长时间？** 我不知道答案。但我知道一点：我们都需要别人的帮助，从而开始认知到如何更好地发掘我们自己的能力。

我想成为一个重要的人，能帮助你变得更加了解自己。这就是本书第一部分的内容。你可能听过这样一句谚语："**如果所作所为一成不变，所得所获也将一成不变。**"我想帮你去做一些新的事情，抵达某个新的地方。当我们开始这场旅行时，我要告诉你们两个观点：

1. 并非一定要迅猛，改变才有效。为人们提供咨询服务和为他们配备能力有相似之处。这两者都需要关心别人，并花时间在他们身上，为

他们提供指导和建议。我要做的就是把我的关注点从他们的弱点转到优点上来。当你阅读这本书，尤其在读到关于认知的这第一部分时，要留心观察，你需要在哪些方面改变关注点，以更清楚地知道你的潜力。

2. 要发掘你的能力，改变必不可少。当你读本书的另外两部分时，你会发现它们更加强调改变。在关于能力的第二部分内容中，我会要求你做一些事，这些事情可能不是你与生俱来的强项。你会觉得很难。说到技能发展，如果那些技能不是天生就具备的，发展起来往往会很慢，而且进步很小。没关系！每一个积极的小改变都会有帮助。它会提高你的能力。然而，当你读到第三部分关于选择的内容时，你会发现事情变得简单多了。在选择这件事上，你可以更快地实现改变。如果你渴望提高能力，并发掘潜力，所有这些改变，不管艰难还是容易，都是你所需要的。

做好准备，投入其中吧。这将是一场激动人心的旅行。培养认知将会让你认识到，那些改变将帮助你掀掉压制你能力的帽子。我希望，等你读完这本书时，你的能力比你想象中的大很多，而你也会顺利地过上没有限制的生活。让我们一起开始这场旅行吧。

1

知道是什么在限制你吗

我这一生一直都对能力这个词感兴趣，虽然我在年轻时还不知道这么称呼它。孩提时代，我最喜欢的一个故事是《勇敢的小火车头》（*The Little Engine That Could*）[①]。在我很小的时候，我母亲经常读给我听。等到我可以自己阅读时，我又一遍遍地将它从书架上抽出来。我还会为家里人把里面的故事表演出来。我喜欢那个小火车头，她相信自己，并且因为这样的信念成功地翻越了一座座小山。她的能力增长了，因为她把自己推到了极限。

我记得我父亲在演讲时曾用过一幅插图。一个老者看到一个男孩正在钓鱼，于是走过去看看他钓得怎么样。那个男孩已经钓到了两条小鱼，就在老者走过来的时候，那个男孩钓上来一条很大的鲈鱼。

"这条鱼可真好啊！"小男孩从鱼钩上取下那条鲈鱼，老者说道。但是接着男孩又将那条鱼扔回了水里。

"你在做什么呀？"老者大声喊道，"那可是个大家伙呀！"

[①]　《勇敢的小火车头》，是西方家喻户晓的经典作品。其中不断重复的经典语句"我想我能做到！"数十年来一代传一代，已经成为西方流行语中屹立不倒的一部分。故事中传达了自信、乐观、善良与勇敢等美好的精神特质，感动了全世界千千万万的孩子和大人。

"是的，"男孩回答，"但是我家的煎锅只有九英寸宽。"这句话经常让我笑起来，它还让我认识到一个人的思维会如何限制住他自己。

我还清清楚楚地记得，我的一位老师讲过三个年轻男孩的故事。在他们去学校的路旁有一堵高墙。他们每天走路上学，都想知道墙那边是什么。终于有一天，他们按捺不住好奇，一个男孩说："让我们去探个究竟吧。"说完他就把帽子扔到了墙那边。他大声说："现在，我不得不爬到墙上，去看看墙那边是什么。"

另外两个男孩不敢相信，呆呆地看着他。然而，就在看到他开始爬墙时，他们也把自己的帽子扔过墙去，和他一起爬墙。他们不甘落后，想亲自体验这场探险，而不只是间接地听别人讲述。

我依然记得我当时的想法，**我也会把帽子扔过墙去。**我想去新的地方，获得新的发现，就会强迫自己做更多事情，比我认为自己能做的还要多。我一直是这样做的。有时实现那些愿望需要大胆的承诺。自从我第一次听到那个故事，我已经有许多次在心里把帽子扔过墙去了，从而保证自己有更多的发现。

今天，我请求你，把你的帽子扔过墙去。

认知资产

我写这本书的目标是帮助你成为你能成为的那个"小火车头"。我想激励你掀掉束缚你、限制你潜能的那些帽子；帮助你摆脱"九英寸煎锅"的心理，拓展你的思维和能力；希望你把自己的帽子扔过墙去；希望你接受这个能力挑战，改变自己的人生。你愿意那样做吗？如果愿意，就从认知开始吧，从学习开始吧。

1. 你的能力不是固定不变的

如果你和大多数人一样，我敢打赌，你希望生活能给予你更多，至少比你现在正在体验的还要多。也许你没有想在各个方面获得成功。可能你对自己的进步也并不是特别满意。你想做的事情你都做了吗？又或者，你想有更多见识，做更多事情，或者有更多成就吧？如果你和我一样，就会想要取得更多成绩。即使已经年近七十，我也并不满足，我想要继续成长，并做些不一样的事。

是什么在阻挡你的道路？是什么在限制你？你知道吗？如果你不知道是什么在限制你，你将怎样消除这些限制呢？

你可能听过这句谚语："如果你想做好某件事，那就把它交给忙碌的人。"这听起来可能有悖常理，但事实的确如此。那些能做好很多事情的人，似乎能承担更多，并且做起来更有成效。这是为什么呢？难道有些人就是具有高超的能力，而其他人没有吗？

你有没有好好思考过你自己的能力？大多数人认为自己的能力是固定不变的。你听到一个人被定性为"能力高的人"，另一个人却被定性为"能力低的人"，而你就此接受了。你有些什么能力呢？你认定自己的能力是高是低，还是平均水平？你认为你的能力是固定不变的吗？也许你没有给自己的能力贴上标签，但你可能已经习惯了一个成就水平，而你认为那可能就是你的能力水平。

这是个问题。

有太多人一听到"能力"这个词，就会认为它是一个极限。他们认为自己的能力是固

> **如果你不知道是什么在限制你，你将怎样消除这些限制呢？**

定不变的，特别是在超过一定年龄的时候。他们会放弃能力或潜力可以得到提高的这个想法。他们唯一做的就是努力管理他们认为自己拥有的一切。

许多人都这样认为。社会活动家罗伯托·维罗那（Roberto Verzola）评论说，经济学家们因为这种受限的心态而臭名昭著。然而，更糟糕的是，他们试图说服其他人也采用这种心态。维罗那说：

经济学中最基本的假设是短缺。实质上，这是假设经济情况远不够富足。因此，大多数主流经济学家并没有准备应对富足的情况。他们几乎没有可以解释经济富足的概念，也没有描述经济富足的方程式。面对经济富足，他们转而求助于那些基于短缺的不合适的理论。

换句话说，他们从局限性的角度来定义这个世界。他们还从局限性的角度来界定人。这太过偏狭了。相反，我们要从可能性的角度来定义这个世界，来界定我们自己。

虽然我百分之百地相信人会成长，会改变他们的能力，并增强他们的潜能，但我也承认，我们所有人都给自己的能力扣上了一顶顶帽子。一些帽子是固定的，但大多数帽子是不固定的。我们不能任由这些不固定的帽子阻碍我们的生活向外扩展。我们也不能让这些帽子界定我们的潜能。我们要看到这些帽子之外的东西，看到我们真正的能力，唯有如此才能掀掉这些帽子，扩展我们的能力。

查尔斯·舒尔茨（Charles Schulz）[1]，是连载漫画《花生》（*Peanuts*）的创作者。他曾写道："生活就像一辆十速自行车，有很多挡我们大多数

> 生活就像一辆十速自行车，有很多挡我们大多数人从未用过。
>
> ——查尔斯·舒尔茨

人从未用过。"他说的是我们大多数人都有未被开发的能力。我们甚至没有认知到自己具有这种能力，但是我们可以改变这一点。

2. 你可以认知到能让你变得更好的发展潜力

在这一章中，我希望将大部分时间花在这部分内容上。我希望我们能集中探讨"认知"。所有持久的成长都需要认知。遗憾的是，如果你缺乏认知，那你就不会知道自己处于浑然不觉的状态。这是一个盲点。你不知道你不知道的事情，你也看不到你不能看到的事情。这就像"第二十二条军规（Catch-22）[2]"，陷入了死循环。

我的自我认知之旅很简单，但确实耗了一些时间。这个过程始于别

---

① 查尔斯·舒尔茨，1922 年 11 月 26 日出生于美国明尼苏达州，1950 年开始创作史努比系列漫画，五十年来，史努比、查理·布朗等故事人物已延伸至全球七十五个国家。代表作品连载漫画《花生》（史努比系列漫画）。

② 第二十二条军规（Catch-22），源自美国作家约瑟夫·赫勒（Joseph Heller）根据他在第二次世界大战中的亲身经历创作的黑色幽默小说《第二十二条军规》（1961）。这部小说太有影响力了，在当代美语中，Catch-22 已作为一个使用频率极高的独立单词，用来形容自相矛盾、不合逻辑的规定或条件所造成的无法摆脱的困境、难以逾越的障碍，表示人们处于左右为难的境地，或者一件事陷入了死循环，或者陷入逻辑陷阱等。

人帮助我变得有意识。这需要某个人确实知道如何帮助我留意。这段经历让我变得渴望进一步发展我的自我认知。我开始想知道，还有什么是我不能做的？还有什么是我不知道的？我开始想知道，除此之外是不是还有什么在等着我？

这一章主要聊一聊我发展的过程。我并不认为我已经成功了。我依然不停地问我自己，什么事情是我未能做到的。但让人满怀希望的是，我和你分享的这些会帮助你变得更加能认知自己，因为这对发掘你自己的能力至关重要。

自我认知是一种强大的技能。它能让你看清自己。它会通知你自己做出决定，并帮助你权衡机会。自我认知会让你测试自己的极限。自我认知会让你能够理解他人。自我认知会让你与他人的合作关系更牢固。自我认知会让你的优点最大化，让你的弱点最小化。自我认知还会打开大门，让你获得更出色的能力。

当你努力认知你的发展潜力时，下面这些是你要认真思考的一些问题。

留意：寻找需要知道的事情

在我的《共赢》（*Winning with People*）一书中，我写了透镜原理（Lens Principle），说的是：我们是怎样的人，决定了我们怎样看别人。在那本书中，我关注的是我们的视角会如何粉饰我们对世界、他人和生活的观点。但是，我们是怎样的人，就决定了我们怎样看自己。这一点也是对的。我们会自然而然地倾向于用我们一贯的方

> 我们是怎样的人，决定了我们怎样看别人。

式看待事物。如果我们想提高能力，就必须以不同的方式来看事物。我们要乐于以新的方式来看我们自己和我们的世界。我们需要留意并寻找我们需要知道的事情。

认知：探索需要知道的事情

阻止人们提升能力的常常不是缺乏渴望，而是缺乏认知。遗憾的是，人们不会突然变得能够自我认知。除此之外，还有一些因素也对我们不利，并阻碍我们发展形成良好的自我认知。比如：

- 借口
- 现实中毫无根据的成功幻想
- 不愿倾听别人的想法
- 未解决的负面情绪
- 习惯性的注意力分散
- 缺乏个人反省
- 不愿付出代价获得经验

要发展自我认知的大多数人不得不与这样一个或多个因素斗争，以达到他们的目标。他们必须非常努力。这需要强烈的渴望才能发现自我认知。这需要自律来审视你自己，反思你自己的经历。这需要成熟的心智去请别人帮你解决你的盲点。

变得能够自我认知还需要来自别人的帮助，相比你自己看自己，他们能更清楚地了解你。在过去，我和不能自我认知的某个人一起工作时，会遵循下面这个过程，去帮助他们探索了解自己需要了解的事情。

- 联系：我首先建立关系，并让他们知道，他们对我很重要以及我想帮助他们，这给了他们安全感。

● 曝光：一旦我完成了相关的基础工作，我会试着帮助他们理解自我认知是多么重要。他们需要认识到，如果不优先考虑自我认知，就会陷入生活困境，且无法前进。但是，如果他们能够学会更清楚地认识自己，并开始明确自己的能力，他们就拥有一条通向提高能力和发掘潜力的道路。之后，我可以开始向他们展示他们的优点和弱点，并尽我所能提供鼓励。

● 经历：大多数人都需要明确一种发展更强的自我认知的方法。我发现最好的方法就是，把他们放在某一个环境里，在那里他们必须承认他们的弱点，发挥他们的优点，向其他领导者学习，并反思他们的经历。如果我是他们的领导人，我会负责推进这种方法。

● 问题：询问别人，能帮助你评估他们是否理解并变得更加有自我认知。

● 审查：在认知发展过程中，最关键的步骤是对结果的审查。发展自我认知是一个需要花费时间和不断重复的过程。每次，一个导师或领导和某个人坐下来交流，并给他提出真实的意见反馈，如果他能够虚心接受，那么他在这个过程中又迈出了重要的一步。

● 重复：我需要指出的最后一点是：这不是一个一次性的过程。为了帮助那些没有自我认知的人，我必须反复地教他们。

使用这种模式，你可以帮助一个无认知的人开始发展自我认知。但如果你是那个无认知的人，那怎么办呢？你需要找一个值得信赖的朋友、同事、导师或家人，这些人可以帮助你、指导你，并不断地为你提供真实的意见反馈。

辨别：专注于需要做的事情

当找到自己要做的事情时，你必须试着辨别出你的注意力在哪里，你不可能什么事情都做。正如古老的谚语所说："追赶两只兔子，哪只都抓不到。"

在你确定要做的事情后，应该把注意力集中在哪里？要集中在你的优点上，也许你已经知道这点。当我们关注自己的弱点时，竭尽全力也只能达到平均水平。没有人愿意为此付出代价。没有一个成功的人会雇用一个仅能胜任工作的人，成功的人渴望优秀，优秀来源于你对优点的关注。无论你做什么，要努力做得更好，这就是你提高能力的最好途径。后面我们将研究所有人都拥有的核心能力，以及如何开发你的能力。

意向：采取行动做需要做的事情

在我的《选择你想要的生活》一书中，我论述了良好的意向和有目的的生活之间的主要区别。前者可能使人感觉良好，但实际上并没有为他或其他人做出任何积极的事情。关键还在于行动。只有当我们接受所学到的东西，并把它们付诸行动时，才能有收获。

当我二十多岁的时候，我意识到，如果我想在世界上有所作为，我必须高度关注我的个人成长。于是我坐下来，写了一些我称之为"平凡的人"的东西。它是这样写的：

对任何人来说，当他对自己现在的生活完全满意时，那一天就是悲伤的。思之所思，做之所做，渴望为上帝和他的同胞做更伟大的事情，直到他的灵魂之门永远停止敲击。

我写这些，是因为我从来都不想成为一个平凡的人。我相信，没有人愿意这样，但我认为，我们所有人都有成为平凡人的危险。因为有一种自然的下行拉力，可能会阻止人们接受能力挑战。我们必须战胜这种惰性。

你需要认知到的是，如果你打算做任何事情来改善你的生活，也就说明你现在的生活是低于你的潜能的。即使你是一个高效、成功的人，你也能变得更好。你可以提高你的能力，你还有更多从未开发的能力。如果你愿意，你的面前就会出现一条通往更大潜能的道路。

3. 你可以掀掉限制你能力的帽子

提升你能力的下一步，是掀掉阻碍你能力的帽子。你听过或读过大象是如何被训练的吗？只用一根小绳约束，就可以把它们限制在一个地方。要知道一只成年亚洲雄象肩高达十英尺，重约四吨，这真是令人难以置信。这个秘密是什么呢？

在一头大象小时候，且体重只有几百磅时，它被一条链子捆住腿，并拴到一棵树或高木桩上。当大象试图离开时，它知道自己挣脱不了这条链子，是链子限制了自己。它认为，无论对它施加什么限制——哪怕是一根可以轻易弄断的绳子——都比它更强大。

人就像那些大象。我们经常认为，在生命早期所经历的一些限制是永久不变的。或者被告知我们有一些实际上没有的限制，而这些东西阻止我们去追求所渴望的人生旅程。这些正是我们需要打破的枷锁。

认知改变一切。一旦我们认知到一些限制是人为的，我们就可以开始克服许多限制。我们可以掀掉这些限制的帽子，从而为我们的成长开辟通道。后面我会详细讨论这个问题。

在《如果它没有破，就打破它！》（*If It Ain't Broke ... Break It!*）这本书里，罗伯特·克里格尔（Robert Kriegel）和路易斯·派特勒（Louis Patler）写道："我们不知道人的极限是什么，世界上所有的测试、秒表和终点线都无法测量人类的潜能。当人们追求他们的梦想时，他们将远远超越那似乎是他们能力上限的极限。我们内在的潜能是无限的，而且很大程度上是未被开发的。"这个过程从发展你被限制的认知开始。

4. 你可以发展已具备的能力

每个人都拥有以自己天赋为基础的能力。其中一些人具有非常特殊的能力，比如交响音乐家、职业运动员和伟大的艺术家，其他人则在本质上更一般，并且依赖于多种技能。在这本书中，我确定并审查了其中的七种能力：

精力能力——体力上向前推进的能力

情绪能力——管理自己情绪的能力

思考能力——有效思考的能力

人际能力——建立人际关系的能力

创造能力——看到多种选择并寻找答案的能力

生产能力——实现结果的能力

领导能力——提升并领导他人的能力

我会教你如何最大限度地发挥你的才能，这样你就能在这些领域提高你的能力。

5. 你可以选择让你的潜力最大化

你还具备其他的能力，而这些能力更依赖于你的选择。虽然，才能确实是一个因素，但它在这些领域并不那么重要。我想帮助你确定可以提高你的能力的选择：

责任能力——选择对你的人生负责

品格能力——选择要基于正确的价值观

富足能力——选择相信一切都很充足

自律能力——选择专注当下并坚持下去

意向能力——选择有意识地追求人生的意义

心态能力——选择积极向上，无论什么情况

风险能力——选择走出你的舒适区

成长能力——选择关注你能走多远

合作能力——选择与别人合作

我也会教你如何在这些领域提高你的能力。当你最大限度地选择适合你的能力发展时，就开始为自身潜能的开发注入动力。动力不是一蹴而就的结果，而是随着时间连续推进的结果。

> 动力不是一蹴而就的结果，而是随时间连续推进的结果。

你能走多远

最近，我偶然听到杰西·伊特兹勒（Jesse Itzler）讲的一个故事，它讲述了我们中的许多人都允许自己被限制束缚。伊特兹勒是一个从音乐行业起步的人，他是一名说唱歌手，后来成了一名企业家，参与创建了马奎斯飞机公司，再后来成了亚特兰大老鹰队（NBA 球队）的老板之一。伊特兹勒是一个非常有成就的人，他也喜欢参加耐力赛。

伊特兹勒描述道：作为接力队的一员，他正在进行艰苦的耐力赛，同时他注意到另一个人独自参赛。他后来发现这个人是海豹突击队队员。比赛结束后，伊特兹勒请求这个人和他以及他的家人生活一段时间，这样他们就可以学习他的经验和智慧，而且，伊特兹勒还希望他对自己进行训练。海豹同意这样做，前提是伊特兹勒保证按他的要求来做每件事情，并且不使用他的真名。

在他的《和海豹突击队队员一起生活》（Living with a SEAL）一书中，伊特兹勒描述了，在约定的那一天，海豹（正如他在本书中所确定的那样）是怎样在他预计的准确时刻出现在伊特兹勒的曼哈顿公寓里的。他只穿了短裤、T 恤衫和跑鞋，当时正值隆冬，但是海豹很淡定。

三十一天以来，不管在身体上还是精神上，海豹都给了伊特兹勒很大的推进。他们每天训练两次、三次或四次。有时，黎明前他们就起床，到中央公园跑步。其他时候，海豹会主动要求伊特兹勒工作日内，在他的办公室进行长达一小时的艰苦锻炼。他们会在冰天雪地的深夜里跑上数英里；会做数百个俯卧撑和引体向上；会去附近一个结冰的湖，凿开冰面，跳进冰冷的水里，然后在冻僵之前快速跑回家。"如果你想超越极限，"海豹解释说，"你必须训练你的极限。"

在他们相处的一个月里，伊特兹勒只了解到他导师的少许信息。更多关于海豹的故事仍然是一个谜。伊特兹勒了解到海豹多次拒绝吃东西："我只是喜欢饿着肚子入睡……所以我会饿醒。生活就是远离你的舒适区。"或者，他会在严寒天睡在户外，并且除了裤子和薄衬衫之外什么也不穿："如果你不挑战自己，你不会了解自己。"但是，也许伊特兹勒收获的最大的经验，是来自海豹所讲述的自己曾经参加的另一场比赛。伊特兹勒写道：

我了解到海豹曾经参加过一场比赛，参赛者可以跑二十四小时或四十八小时。令人震惊的是，海豹报名参加了四十八小时的比赛。在大约二十三小时的时间里，他跑了大约一百三十英里，但是他的股四头肌拉伤了。他问裁判，是否可以按二十四小时给他记录成绩。当被告知他们不能那样做时，他说："明白。"他要了一卷胶带，贴在股四头肌上，然后强忍伤痛，一瘸一拐地走完了剩下的二十四小时，完成了整整四十八小时的比赛。

海豹的观点令人信服："当你认为你已经完成的时候，其实你只用了自己能力的 40% 来做这件事。这恰好就是我们施加给自身的极限。"

当伊特兹勒和他的特种部队训练师相处的时间结束

> 如果你想超越极限，你就必须训练至极限。
>
> ——海豹

时，伊特兹勒回顾了他学到的东西，以及它是如何改变他的：

> 在海豹住进来的第一天，他就告诉我需要控制自己的思想。我以为这只是一句俗语，或者是他随口说说，但现在我觉得它可能比我最初认为的更真实。我们的大脑有时会对我们撒谎，并且我们信以为真，我们认为我们不会做这个，也不会做那个，这不是真的……我看了看海豹……他只想明天变得更好，这也是我现在想要的。

这对伊特兹勒来说是个不错的目标，对我、对你同样如此。也许，在你开始这段旅程时，你应该告诉自己，你的能力只有40%，如果你假定自己的能力比你曾经认为的要多，至少有60%，将会发生什么呢？你可能不是海豹突击队队员，但是，你还有更多的能力未开发。假如它不是60%会怎样？假如它只有40%，或25%，甚至10%会怎样？那会不会仍然改变你的生活呢？要坚信你有更多的能力，并努力去发掘，这可能是你重塑自己的能力、拥抱一个无限制的生活的第一步。

什么在阻碍你

你准备好接受能力挑战了吗？我敢打赌，你想提高你的能力，并且想获得更多。你可能也喜欢增长潜能的主意，但是不是还有疑问？当谈到能力时，也许你应进行一项免费的能力评估，以帮助你衡量目前的能力水平。如果是这样的话，我建议你马上停下来，在 www. capacityquiz. com 网站上评估一下自己。本章的最后几段可以等以后再看，但你的能力不能等。

维持现状比接受能力挑战更容易。如果你愿意，你可以找到大量的理由拒绝努力开发你的潜能。但这些不该阻止你。

当我还是个孩子的时候，我从母亲的家庭中听到了关于亨利·福特①的故事，我母亲的叔叔们很了解他。十九世纪九十年代中期，福特在他和妻子租住的房子后面的一家工厂内，利用自行车零件和内燃机，开始制造他的第一辆汽车。他相信人们的出行能力可以提高。当然，他也会遭遇怀疑，人们认为他做不到，甚至还遭到一些人反对，因为他们认为没有足够的道路来容纳一辆自行驱动的汽车。但福特对此毫不畏惧。

1896 年，福特完成了他的项目，他把他的车命名为四轮车。然而，他犯了一个小小的错误，车子太大了，无法通过他工厂的门。结果他做了什么呢？他敲掉了墙上的砖，然后把车子开了出来，他不会允许窄小的门限制他的能力。

毫无疑问，福特在 1903 年成立了福特汽车公司。能力无限制的信念帮助他，把汽车制造从一个缓慢、昂贵、精细、手工制作的过程变成一个快速、高效、自动化的过程，使汽车在人们的日常生活中触手可及。到 1924 年，该公司生产了一千万辆汽车，三年后，它的产量超过了一千五百万。

在没有解除限制和提高能力的情况下，尝试建立你的生活，就像在一个小屋子里造一辆车，并且不愿敲开墙把车子开到路上去。层层枷锁，使你的能力无法施展。解除限制，世界大门向你敞开。

---

① 亨利·福特，美国汽车工程师与企业家，福特汽车公司的建立者。他也是世界上第一位使用流水线大批量生产汽车的人。

关于能力认知的问题

　　1. 在本章所列出的能力和选择中，你愿意提高哪些能力，并达到更高的水平呢？

　　2. 如果你想在这些领域提高能力，你的生活会发生怎样的变化？描述一下那会是什么样的以及你的感受。

　　3. 要发展更强的自我认知，你有什么策略？你会把谁列入名单，让他帮助你学习、成长？

2

掀掉限制你人生的帽子

几年前，在约翰·C. 马克斯维尔团队（John C. Maxwell Team）举办的一次活动中，我遇到了一个非常了不起的人，名叫尼克·胡哲（Nick Vujicic）。那次活动主要是对一些培训师和演说者进行培训和认证。保罗·马蒂内利（Paul Martinelli），是约翰·C. 马克斯维尔团队的主席，他邀请尼克发表演讲。

尼克的演讲鼓舞人心。他有着极好的心态，谈笑风生，热情洋溢，而且很有亲和力。尽管他才三十出头，但已经写了五本书，并得以出版，还参演了两部电影，在MV中也有表演，也曾亮相于奥普拉的节目，他演讲的听众数以亿计，而且来自世界各地，常常是大型的场馆座无虚席。

这还不够震撼、让人钦佩吗？如果你知道尼克没有胳膊也没有腿，你又有何感想呢？

尼克出生的时候就没有胳膊和腿，在成长过程中，他经历了一段非常艰难的时期。他受过欺负，感到孤独。八岁的时候他甚至想过自杀。但是他坚韧不拔。他建立了信念，爱他的父母，渴望能够变得不同。他不允许身体上的局限限定自己。他最大限度地利用自己拥有的一切。在他的《人生不设限：我那好得不像话的生命体验》（*Life without limits:*

Inspiration for a ridiculously good life）一书中，尼克这样写道：

> 你的舒适区和梦想之间的地方，就是生活发生的所在。
>
> ——尼克·胡哲

海伦·凯勒在小的时候就失去了视力和听觉，但最后她成了知名的活动家和作家。她曾说过世上没有安全的生活这一回事。安全的生活根本就不存在……生活要么是一场大胆的冒险，要么什么都不是。风险不只是生活的一部分。生活本身就是风险。你的舒适区和梦想之间的地方，就是生活发生的所在。那是高度紧张的地带，但也正是在这里你会发现自己。卡尔·瓦伦达（Karl Wallenda），是美国具有传奇色彩高空走钢丝家族的一家之长，也如此表示，他曾说，生活就是在走钢丝，其他的一切就是在等待。

尼克认为他的目标就是对观众演讲，成为一个激励人心的演说家，尽管他没有经验，也没有资源，更没有受到任何邀请。他决定给一些学校打电话，提供演讲，主题涉及校园暴力、远大梦想和永不放弃。他遭到了五十二次拒绝，但在尝试第五十三次的时候，一所学校终于接受了，并且承诺付给他五十美元。他欣喜若狂。后来，他意识到，仅仅是去那所学校就要两个半小时的车程。尼克无所畏惧，把那笔钱给了他哥哥，让他哥哥开车送他到那里。结果尼克只对十位学生做了五分钟的演讲。来回花了五小时，只为了五分钟的演讲，他觉得自己就像个傻瓜。

但是接下来电话开始响个不停。一所接一所学校邀请他去分享他的故事。这样的请求越来越多，而且还在不断增加。今天，十多年以后，尼克一年就会收到三万五千次演讲的请求。

尼克建议人们要有远大的梦想，同时不妨冒点傻气。他说，如果我们任由这个世界定义我应该是谁，因为我的样子看起来很奇怪……那么，可以肯定的是，这个家伙就不会过上有所作为的生活；肯定的是，我也不可能有幽默感；可以肯定的是，他也不会热爱生活。我们会把这个世界上的人们模式化。所以，如果这个世界认为你还不够优秀，你要知道，这是一个谎言！再听听第二个观点吧！

认识你的价值，并增强你的能力

我希望成为给你第二个观点的那个人。我的观点是：你拥有很大的价值。你拥有很大的潜力。你不仅足够优秀，而且有能力变得更出色，在你的生活中实现更大的意义。尼克的一番话，我非常有共鸣，他说，如果上帝会起用一个没有胳膊和腿的人，让他成为上帝的手和脚，那么上帝就肯定会起用任何有意志力的心脏！

凯瑟琳·B. 阿尔勒（Catherine B. Ahles），是公共关系学教授，同时还是马科姆社区学院（Macomb Community College）关系学院的副院长。她评论说：在我们二十来岁的时候，我们会花大部分时间去发现我们能做的成百上千的事。但是到我们渐趋成熟，步入三十岁的时候，我们开始发现永远都不可能做的事情。当我们四十不惑或者步入不惑之年以后，我们面对的挑战就是把这些综合起来——了解我们的能力，认识我们的局限，并做最好的自己。我认为她的建议非常有价值，但同时我也认为，我们不会因为人生的年龄阶段而受限。你可以在二十岁之前就开始把一些事情综合起来。即使已经过了四十岁，你仍然可以增强自己的能力。正如我在上一章中提到的，增强能力开始于发展自我认知。更明确的是，你需要开始认识到你人生的一顶顶帽子，并认识到哪些帽子是你不能掀掉的，哪些帽子是你可以掀掉的。

你掀不掉的帽子

我相信你可以过上没有限制的生活，你可以比你所想的走得更远、做得更多，但是这并不意味着你的生活就会没有限制。所有人都会受到限制，有些帽子是无法掀掉的。当尼克小的时候，他向上帝祈祷，希望他能长出胳膊和腿，但是显然，这一切都没有出现。他唯一能做的就是了解这些限制，然后去接受它们。但是他没有让这些限制约束自己的生活。想想你生活中必须了解和接受的那些限制：

出生的帽子

你无法控制自己的出生，你也无法使时光倒流，从而有机会改变这件事情。你能做的只有接受。

● 出生地点：你也许喜欢你出生的地方，也许不喜欢，这都无所谓，现状就是如此。

● 出生年月：有些人说，自己出生在了错误的时代，他们希望自己能够出生在中世纪或者旧西部。他们也许感觉自己和这个时代格格不入，但其实不然。听说过这句老话吗？"足下即所在。"那么，也可以这么说，现时即当下。你的出生恰逢其时。就我自己而言，我很满意自己的出生年月。如果让我出生在美国的拓荒时期，我想我自己恐怕无法生存。

- 出生的家庭：你无法选择自己的父母、出生顺序、兄弟姐妹和自己的成长环境。不论好坏，你只能接受，你能做的，就是最大化地利用这些条件。

- 与生俱来的特质：你无法选择自己的基因组合、种族、骨质结构和身高。你想要灌篮，但是你的身高只有五英尺七英寸，怎么办？要么你选择另外一项运动，要么你就去培养斯伯特·韦伯（Spud Webb）[1]那样的灌篮技能。人要学会适应。

如果你感到心灰意懒，那么请你想想尼克。他的身高只有三英尺三英寸，他只有一只脚，很小，上面还只有两根脚趾，但是他会游泳、钓鱼、绘画，而且每分钟可以打四十五个字。

生活的帽子

我们无法控制自己的生命，但是在我们的生活中，同样有些事情是我们无法控制的。我们会遭受事故，我们会得病，我们会失去自己所爱的人，我们会发现自己不具有实现梦想的智慧和技能。我把这些称为"生活的帽子"。

我父亲在六岁的时候，失去了自己的母亲，对此他印象深刻。我想，他时时刻刻都铭记着这件事情。从他对待我们的母亲和他要求我们对待她的方式中，可以清楚地看到这一点。举个例子，在我们成长的过程中，他总希望我们能刷锅洗碗。如果我们嘟嘟囔囔，他就会说："我小的时

---

[1] 斯伯特·韦伯，别名 Anthony Jerome Webb、Spud（土豆），1963 年 7 月 13 日出生于美国得克萨斯州达拉斯，毕业于北卡罗来纳大学。因为身高只有一米六九，被昵称为"土豆"的他竟在 1986 年扣篮大赛中不可思议地夺得"扣篮王"称号，成为 NBA 的传奇。

候总是帮妈妈洗碗。"

　　失去母亲是一个痛苦的经历。在我六十多岁的时候，我失去了自己的母亲，至今我对她都难以忘怀。每个人都有这方面的经历，有些沉重一些，有些平淡一些，苦痛自知。

　　马克·吐温反复说过，人的一生中最重要的两天就是你出生的那天和发现人生目的那天。实现人生目的的部分过程就在于了解那些你无法改变的限制因素，从而可以集中精力充分发掘自己的潜能，以提升自己的能力。

> 实现人生目的的部分过程就在于了解那些你无法改变的限制因素，从而可以集中精力充分发掘自己的潜能，以提升自己的能力。

你可以掀掉的帽子

　　尼克·胡哲说："我认为，最大的诱惑就是感到安逸，觉得你已经搞定了地球上所有的事情，而且非常满足于这样的生活。"太多人并没有像他们希望的那样变得成功，有所作为，过着充实满足的生活，我认为，这就是问题所在。他们错误地认为自己已经解决了所有的问题，他们开发了自己的能力，没有新的高峰是他们可以攀越的。于是，他们安静了下来。然后他们变得安逸。

　　让我来告诉你，你还没有挖掘出自己的能力，没有达到自己的极限，我也没有。我想要活到七十岁，我将致力于在余下的四十五年里获得自我成长。如果我实现了自己的目标，我仍会为此感到惊喜。当然，也许你做得并不够好，但是只要你相信自己的能力，并且尽力而为，你仍然会为自己取得的成绩感到惊喜。一开始，首先我们需要拿掉人们通常扣在自己头上的两种帽子。你需要掀掉人们扣在自己人生上的两大类帽子。

别人扣在你头上的帽子

第一种限制来源于别人扣在我们头上的帽子。关于这一点，我知道的最恰当的故事记录在《旧约全书》中。我所知道的，在基督教的《旧约全书》里记载着这样一个故事，最能说明问题。上帝告诉先知撒母耳说，他要去一个叫伯利恒的地方找叫杰西的一家，让他以神的名义指定杰西家其中的一个儿子作为以色列的下一任国王。

当撒母耳到了这个地方，找到了杰西，并告诉他让他把儿子们带来，因为他们中的一个将成为国王。我推测杰西和他的妻子一定高兴极了。他们一定在推测谁才是那个孩子。也许他们还会设想着先知的做法，当杰西把儿子们带来排着站好，当先知看到了他们最小的孩子伊莱亚斯的时候，他一定会想，他看起来就像是国王。但是伊莱亚斯并不是上帝指定的那个孩子，下一个、下下一个也都不是。先知看着七个儿子说："他们都不是那个孩子，所有孩子都在这里了吗？"

其实，还有一个孩子，叫大卫。杰西认为那个孩子不是当国王的材料，所以并没有叫他过来。杰西想到了他所有的孩子，唯独没有想到大卫。杰西不相信大卫能做国王，他们派人去牧场从放羊的空地上把大卫唤过来，他们等着他来到这里。这个孩子出现了，他上气不接下气地站着，身上又脏又臭，简直就是这个家里最不像国王的孩子。但是谁又能知道呢，也许大卫早知道先知会在这个日子出现在他家，并且知道自己是这个场合里不受欢迎的人。不过，你瞧，大卫才是上帝指定的那个人。那里没有一个人看到大卫的潜质，但是上帝看到了。

大卫具有一种巨大的能力，这种高能力远远超出人们对他的认可。大家一再低估这个孩子。他的兄弟们不仅认为他不是做国王的材料，甚至做士兵的材料都不是。一天，杰西派大卫去前线战场给他的兄弟们送去食物和供给。巨人歌利亚讥讽以色列的战士们，让他们派一名勇士来和他挑战。巨人对上帝的不敬激怒了大卫，大卫开始思考对付巨人的办法。大卫最小的弟弟开始奚落和嘲讽大卫，那意思就是说，你为什么会在这儿，这是属于真正男人的战场。然而大卫并没有在意。当国王索尔听说终于有人愿意挑战巨人，国王叫来了大卫，他看了一眼大卫，觉得大卫不是勇士的材料，国王背着巨人，试图劝说大卫，但是大卫仍然打算去应战。国王试着把他的盔甲给了这个孩子，但是一个体重 200 来斤、身高近 2 米的大男人的盔甲，并不适合体重 130 斤不到、身高 1 米 7 左右的牧羊人。大卫脱下了盔甲，穿上了日常衣服，手拿石头和弹弓，面对着巨人。巨人看了他一眼，觉得他不是英雄的材料，但是这对大卫来说并不重要，最终他把巨人打败了。

大卫最后的确成了国王，他把所有的犹太人团结起来，组成了以色列国家。他征服了敌人，成立自己的王国。他死后把王位传给了他的儿子所罗门，据说那是最英明的国王。

这是一个戏剧性的故事，讲的是伟大领袖如何被别人扣上许多顶帽子。我们

> 我非常努力地抗争，想抵达我要去的地方，而不让别人控制我去什么地方。

每个人也都会被其他人扣帽子，或大或小。我记得，在我五年级的时候就被别人扣过帽子。我喜欢吹喇叭，于是我父母就给我租了一个喇叭。当我走向音乐老师准备上我的第一节音乐课的时候，我是多么兴奋呀。结果我的音乐老师看了一眼我的嘴说，你的嘴形不适合吹喇叭，你以后也学不会吹喇叭。他告诉我的父母，我应该学管弦乐器，可是我不喜欢玩管弦，我喜欢吹喇叭呀。结果猜怎么着，我父母把喇叭换成了黑管。我总在想，假如给我一次玩喇叭的机会，结果会怎样，我想我一定会爱死吹喇叭的。

今天，我不愿让我的潜能听任其他人安排，我不愿让别人给我扣上一顶顶帽子，并界定我的潜能。我非常努力地抗争，想抵达我要去的地方，而不让别人控制我去什么地方。有些人，你甚至都不认识他们，他们却给你扣了帽子。但是你绝不可以因为他们对自己的定义，而失去信心，失去自我。开放自我，让自我充满无限可能。在本章的后半部分，我将探讨你将如何才能掀掉这些帽子。

你扣在自己头上的帽子

最有可能限制我们的就是我们给自己扣上的帽子。作家、演讲家、培训师米歇尔·罗森塔尔（Michele Rosenthal）写过发生在她小学时的一件事情，那件事促使她给自己扣上了一顶帽子，直到今天她还在继续应付这顶帽子：

在我上四年级的时候，我和其他四名学生被安排在一个优等数学小组里。作为这个特殊群体中的一员，我自我感觉良好，因为一提到数学，我就很从容、自信，觉得胜券在握。

一天，老师宣布要进行一次数学测试：在六分钟内完成十二道加法题（每道题都是包含四个数字的简单等式）。老师说："这些题都非常简单。如果这十二道题你不能全做对，那么你就是个十足的笨蛋。"笨蛋？肯定不是我。我下定决心把这十二道题解答得完全正确。这是我们第一次计时进行数学测试。我很快就发现，我不知道怎么判断解答一道题花了多长时间。我试着尽快计算，但觉得永远难以相信我得出的结果。我开始恐慌，我的大脑好像凝固了一样，那些数字在我的脑子里四处游荡，我什么都想不出来了。当老师叫我们放下铅笔的时候，我已经把答案都填到了每个答题栏里，但是我知道它们都是错的。

第二天，我们的测试卷发了下来。在我的试卷上方，赫然写着一个巨大而鲜红的数字"–12"——我彻底失败了。我拿着试卷哭着走回了家。现在回想起来，我可以告诉你，就是在那一天我内心形成并接受了这个定论："我不会做数学题。"这个看法直到今天还在继续。

虽然我们都会给自己扣上束缚自己发展的帽子，但是，我们必须把它们扔到一边，必须永远摆脱它们的限制。现在我回想一下我曾给自己扣上的一些帽子。

寻求他人的认可

当我初入职场时，我总想取悦于别人。我想让每个人都喜欢我，而且我不喜欢惹是生非。实际上，如果你想成为一个领导者，那么这种想法就是错误的。我必须学会如何移除那顶帽子，对于那些正确或者最有益于团队的事情，我必须乐意去做，即使这样做会让部分员工不高兴，或者我受到别人的指责。我花了几年时间去移除那顶帽子，最后我做到了。每次当我想做一件取悦别人的事情时，我都尽量从团队和员工的角度去考虑问题，这样做会帮助我做出更好的决策。

生活在受限的环境中

无论出生在什么样的环境，大多数人都只是接受这一宿命。他们认为这都是正常的，而且他们开始相信自己的人生没有其他选择。事实上，当这种情况发生时，他们已经给自己的生活创造了一个自我强加的帽子。举例来说，我在一个非常保守的小镇上长大，在那里，领导力既不被重视也不被教导。人们的期望是，只要你努力工作，并且成为一个好人，那就足够了。但对我来说这是不够的，我想要有所作为。就在我开始学习领导力的时候，我意识到，如果我想继续成长、学习并发展我的潜能，那么我必须从那种保守的环境里走出来。因此，在我三十岁出头的时候，我就是这么做的，我把那顶帽子从我的人生中移除，假如我没有移除那顶帽子，那么它将会一直留在我的身上。并且，一旦我意识到我可以为移除那顶帽子做些什么时，这必须由我自己来做出选择。

几乎没有成功的领袖典范

在我十七岁的时候，我就开始计划进入政府部门。大学四年级时我准备成为一名牧师，于是在教会管理课上，我坐下来并写下了我的职业目标。我记得是这样写的：我希望有朝一日领导一个五百人的教会。对我来说，这是一个大胆的目标，因为一个五百人的教会是我见过或听说过的最大的教会了。

大约在我大学毕业两年后，我无意中发现了埃尔默·汤斯写的一本书，书名为《十大主日学校及其发展壮大的原因》（*The Ten Largest Sunday Schools and What Makes Them Grow*）。我记得读第一章时，当时在想，这个教会居然超过五百人，我甚至不知道有这样的教会存在。再往下读发现下一个以及再下一个教会也是如此，书中的十个教会都超过了五百人。这本书开始改变我的想法，突然我心目中有了一个学习成长的典型，这种典型是我以前从没见过的。

就在那一天，我人生中的这顶帽子变得松动了。这促使我想办法去采访埃尔默·汤斯所写的十个教会的领导人，而这样做使得这顶帽子越来越松动，直到最后，它被掀掉。对我来说，我的思想和期望发生了改变，我的领导力，甚至我预期的效果都发生了改变。

松开领导力帽子的过程

我认为，对我们大多数人来说，这是许多自我强加的帽子掉下来的方式。它们不是一下子就被掀掉的。我们会接触许多新的想法和成功人士，于是这些帽子就会开始松动，当变得足够松的时候，它们就会掉下来。

在领导力方面，最初是由我自己和别人为我扣上了帽子，后来我掀掉了这顶帽子，如果回顾并思考一下我所经历的事情，就可以看到这样一个过程：

- 问题暴露——1973年，我阅读了埃尔默·汤斯写的《十大主日学校及其发展壮大的原因》。书中的所有教会都超过五百人，那时我意识到领导一个比这更大的教会也是有可能的。

- 树立榜样——1974 年，对于书中提到的十位牧师，我拜访了其中的两位。他们说我可以成功，然后我也开始相信自己。

- 开始醒悟——1975 年，我阅读了金克拉·齐格勒（Zig Ziglar，美国作家、国际知名的演讲家）写的《与你在巅峰相会》（*See You at the Top*）。这使我认识到，要有意识地去发掘自己的潜能。

- 勇于尝试——在我的教会里，我实施了一项计划，我买了一些公共汽车，用来接人们并带他们去做礼拜。我用《圣经》的每一篇命名每辆公共汽车，从《创世记》开始。在汽油短缺导致这项计划不能实行之前，我已经用《路得记》来命名了，一共命名了八辆公共汽车。虽然计划中止了，但我突破了制约我发展的障碍。

- 积累经验——1975 年，我的教会拥有俄亥俄州发展最快的主日学校。

- 找到答案——1976 年，在查塔努加（美国田纳西州东南部一座城市）的一次会议上，我听到田纳西天普大学（Tennessee Temple University，又译坦普尔大学，坐落在美国东岸宾夕法尼亚州的第一大城市费城，创办于 1884 年，是一所拥有超过一百三十年历史的一流公立研究型大学）的创始人李·罗伯逊（Lee Robertson）说："一切都取决于领导力。"在我的人生中，我第一次意识到领导力的重要性。

> 没有自己的努力，你就不可能生活得舒服。
>
> ——马克·吐温

你需要松开哪些帽子，才能掀掉它们，并开始提升自己的能力？你是否受到了自满的限制？

克莱夫·斯特普尔斯·刘易斯（C. S. Lewis）①认为，自满是人类的死敌。难道你不喜欢你成为一个成功的人吗？马克·吐温说过，没有自己的努力，你就不可能生活得舒服。是什么帽子阻碍了你？你需要找出它们，并开始努力松开它们（如果你需要帮助，可以访问www.capacityquiz.com进行免费评估）。

我相信你

因为我希望你变得更加成功和有价值，所以我想成为你生活中的一个"脱帽者"，我愿意帮助你发掘你的潜力，实现你的梦想。成为他人生活中的"起盖者"和"脱帽者"，是我希望扮演的一个最重要的角色。帮助你始于我对你的信任。你可能在想，你根本不认识我！那倒是真的，虽然我不知道你的故事的细节，但是我希望我能认识你。不过我知道作为一个人来说，你拥有巨大的潜力。每个人都是这样，所以你也是这样。特别是，你可能正面临挑战，你可能不被其他人相信，你可能有一段艰难的过去，然而这些都不会影响你能做什么事或者你能成为什么样的人。正如我的朋友尼克·胡哲所说："不要让你的生命停滞不前，如果停滞不前你就会一直沉溺于过去所受到的不公平伤害之中。"

　　一些人和组织会试图炒作你，在你不知道该做什么事的情况下，我

---

① 克莱夫·斯特普尔斯·刘易斯，1898—1963，英国文学家，代表作品有《返璞归真》《痛苦的奥秘》《空间三部曲》《四种爱》以及《纳尼亚传奇》系列等。

想劝你不要盲目自信。你不能被吹嘘成功，但你可以接受帮助，可以被教导如何成长，可以被展示如何赢得自信从而带来人生的成功。"如果你相信它，你就能实现它"的想法是不会持

> 不要让你的生命停滞不前，如果停滞不前你就会一直沉溺于过去所受到的不公平伤害之中。
>
> ——尼克·胡哲

久的，相比之下，"如果你实现了它，你就会相信它"这个观点却会持久，并且会带来真正的自信。

当我刚开始工作的时候，人们都很相信我，他们对我的相信超过了我对自己的相信，并且是在我相信自己之前。而且正是由于他们的信任，他们给我提供了很多的机会。据说人们相信他们的领导人，这是很棒的，当领导人相信他的员工时，情况就更好了。但最好的还是人们相信他们自己。

在我的人生中，人们都很相信我，而这也促使我更加相信自己。

在我成长的过程中，我的父母每天都告诉我他们有多么相信我。

我上高中的时候，内夫（Neff）教练对我很信任。在每一场篮球赛中，当我们进入第四节时，他会说："约翰，看着我。该你上场了，全靠你了。"

在我二十多岁的时候，伦纳德·菲茨（Leonard Fitts），是我成为牧师时的第一位监督员，是第一个说我具有领导能力的人。还有另一位领导人鲍勃·克莱因（Bob Klein）曾对我说："我每天都为你祈祷，因为我认为你在我们的组织中具有最大的发展潜力。"

在我三十出头时，我搬到了加利福尼亚（California），在一次会议上，

教会圈子中最著名的牧师查克·斯温道（Chuck Swindoll）向其他牧师介绍了我，并告诉他们我是专门为上帝做重要工作的。直到今天，我都不清楚查克是怎么知道我的，也不知道他为什么这么相信我。

这样的名单还有很多。他们对我非常信任，毫无保留地鼓励我，这些促使我更加努力地工作，也开始相信自己。

如果没有人相信你，那就让我来做第一个吧。我相信你，并且我想给你最好的，我想要你相信自己。我可以给你我全部的信任，但这只会短期内对你的成长有

> 即使别人不相信你，你也可以获得成功。但如果你不相信自己，你肯定不会获得成功。

作用。要想获得成功，你必须相信自己。即使别人不相信你，你也可以获得成功。但如果你不相信自己，你肯定不会获得成功。因此要做出改变，你必须采取行动，并且做正确的事情，这样会让你拥有自信。

我想帮助你相信自己，并给你指出一条提高能力的前进道路，这样你就能最大限度地发挥你所拥有的潜力。你过去的生活方式怎么样，这并不重要。你需要的是用你的人生去编写一个新的故事。正如尼克·胡哲所说："或许你现在的生活不太顺利，但只要你挺住，只要你奋力向前，一切皆有可能。要坚信希望。"

这是个很好的建议。当你翻开这一页时，要坚信希望，让我们做好工作的准备吧。

关于扣帽子的问题

1. 在你的出身和生活中，你无法改变的限制有哪些？请列举出来。

2. 你想掀掉别人为你扣上的哪些帽子？你必须怎么做才能开始松开那些帽子？

3. 你给自己扣上了什么帽子在限制你的能力？你必须做些什么才能松开那些帽子？

能力：

发展你已具备的能力

Ability: Develop the Capacities
You Already Possess

我们经常谈论单个的"能力"。但是如果我们思考"能力"的方式是错的，怎么办？认为能力只是一样东西就过于局限了。

在前面关于"意识"的两章中，我讨论了我们的能力并不是设定的，而是可扩展的。在本节中，我想和你们谈谈我们能够如何充分利用我们已经具备的能力。

在意识之后，改变我们能力的第二步是认可我们拥有许多能力。你有几十个，可能甚至数百个能力。每个能力都基于你的才能和选择。现在，我想专注于七大能力，它们更多地依赖于天赋而非后天的选择，尽管这两者都会涉及。这七大能力是：

精力能力——体力上向前推进的能力

情绪能力——管理自己情绪的能力

思考能力——有效思考的能力

人际能力——建立人际关系的能力

创造能力——看到多种选择并寻找答案的能力

生产能力——实现结果的能力

领导能力——提升并领导他人的能力

每个人都拥有这些能力，这些能力中的每一个都对一个人的成功具有重要意义。不断地将你今天在这些领域内的能力最大化，就会增加你明天的潜力。

在我们深入探讨这些具体的能力之前，我想再说一件关于它们的事情。它们并不是孤立发展的。它们结合在一起才起作用。从两个方面来思考这个想法或许有帮助。首先，你的能力是分层建立的。这会创建一个夯实的基础，你可以将你的人生建立其上。这就好比将一所房子建立在一层层坚硬的岩石上，而不是松软的沙子上。它可以承载重量。你可以建立一个沉重的大型结构，这样它有可能矗立很长时间。

其次，各种能力相互关联。你每增强一种能力，就可能会增强另一种能力，潜力也随之增大。比如，如果精力能力有所增强，你就会有体力推进事情向前发展，而这又会增强你的领导能力，也就是提升并领导别人的能力，你整体的效能也会增强。而如果你精力不足，又恰逢要与人接洽，你就会中断接洽活动，在这种情况下，你要学会在接洽时排除困难，展现出你最好的状态。

在你发展这七个核心能力的时候，要探索你的选择，寻找方法来扩展你的能力。你将惊讶于你体验到的复合效应，以及由此增加的潜能。

3

精力能力——体力上向前推进的能力

几年前，我读到杰弗里·戴维斯（Jeffrey Davis）写的一篇名叫《一千颗弹珠》（*A Thousand Marbles*）的故事，它给我留下了深刻的印象。故事讲的是一个较为年迈的老绅士将数以百计的弹珠放在一个罐子里。每一颗弹珠代表他能够活到寿终正寝所剩下的每一个星期六。这样是为了提醒他时间有限，应该充分地利用他所剩的时间。

读到这个故事的时候，六十多岁了，当时我想了很多关于我未来几年的生活。那个时候，我刚刚同意开启两项新业务——约翰·C.马克斯维尔公司和约翰·C.马克斯维尔的团队，而且我相信我会在七十岁的时候给它们应有的一切。

读了这个弹珠的故事之后，我让我的CEO马克·科尔（Mark Cole）弄来一个装满弹珠的罐子，每颗弹珠代表我一直活到七十岁的每个星期。我让他把罐子放在约翰·C.马克斯维尔公司的办公室里，每个星期取出一颗弹珠，以提醒员工们我和他们在一起的时间是有限的。在一起共事的那段时间里，我们努力地建立我的遗产。我这样做，是因为我想为这个组织设立一份好的传承计划。我不想在那个位置上待到没有效能，我想成功转型，并且希望我的公司将我与它们在一起的时间最大化。

　　我认为我当时在做的事情是对的。但随着时间的流逝，我发现有个问题：我没有逐渐放松下来。我不想放弃。我比以前任何时候都更加享受我的工作。进一步说，我正在经历我最伟大的成功，我正在收获我这一生中比其他任何时候都要多的机会。我的两个公司都在迅速地成长，并开始发挥出它们的潜力。我不确定要做些什么。

　　我与我的朋友比尔·希贝尔斯（Bill Hybels）一起待了一会儿，一切都改变了。他是柳溪社区教会的资深牧师。那是在交易所，是约翰·C. 马克斯维尔公司每年都会上演领导经验的地方。我们在维尔京群岛（Virgin Islands）圣托马斯（St. Thomas），我和比尔在聊天。前年，也是在交易所，我在活动中提到了我装着弹珠的罐子，并且在我的一场会议期间，我说起了我如何将所剩的时间进行倒计时。

　　比尔听到了那次谈话的播客。当我们在圣托马斯一起坐在一艘帆船上的时候，比尔盯着我，说："约翰，你疯了吗？"比尔比我小几岁，但是他像哥哥一样骂我。"你不能辞职！你不能开始倒计时。你还有太多太多事情要做。你还有太多太多精力要付出。你是怎么了？"

　　那就像一记耳光打在我脸上。

　　这番话让我幡然醒悟。

　　比尔是对的。我要放弃数弹珠。这是思考不足。我一直以富足的心态对待生活。为什么我试图限制自己？在这个世界上，没有什么是我想做的，只有我正在做的。我想把我自己和我的精力投入让世界有所改变之中，只要我可以做到。

　　第二年，在亚特兰大的交易所，我再次请员工把装着弹珠的罐子带到我的一次会议上。这一次，当我发言的时候，我拿着它，把整个罐子倾倒在地板上。我宣布，我打算继续工作，继续增加对人民的价值，并继续让世界有所改变，只要我有精力这么做。为了做到这一点，我需要做四件事：

- 再融入：当你换了低挡减速时，很难再把速度提上来。这就像你走出看台，穿上你的旧制服，并重新回到游戏之中一样。但这就是我需要做的。我必须对我的公司付出更多时间，给予更多关注。

- 再投资：如果我要帮助我的公司，我不能半心半意。我必须在感情、体力和资金上都再次投资。

- 再改造：昨天的成功并不会带来明天的成功。如果我想帮助我的两家公司最大限度地发挥潜力，我就得帮助它们再次改造自己。我们要么改善并努力成为业界的佼佼者，要么会被业界淘汰出局。

- 再补充：我知道，我还需要把工作做得更好，通过锻炼、合理饮食、娱乐和休息，让自己重新充满精力。

我立刻开始做出改变。结果呢？我拥有了一波新的精力。此外，我还学到了一个教训：管理你的精力胜过管理你的时间。

> 管理你的精力胜过管理你的时间。

为什么应关注精力而不是时间

我们可以提高许多项能力，但要延展时间，我们却无能为力。一天有多少分钟，一星期有多少天，一年有多少星期，这些都是有定数的。甚至我们在地球上存活的时间也是有数的。我们的时日是有限的。

这就是为什么我们要关注精力。这是我们能够影响的事情。在《精力管理》（*The Power of Full Engagement*）一书中，作者吉姆·洛尔（Jim Loehr）和托尼·施瓦兹（Tony Schwartz）主张："高效能的基础货币是精力，而不是时间。"

　　衡量我们人生的最终尺度不是我们在地球上待了多少时间，而是我们在拥有的这段时间里投入了多少精力。这本书的前提，以及我们每年对成千上万的客户进行培训的前提，是非常简单的——效能、健康和幸福都是基于有技巧的精力管理……一天有多少小时是固定的，但我们可用的精力的数量和质量则不然。它是我们最宝贵的资源。我们越是对自己带给这个世界的精力负责，我们就会获得越多的权力，变得越富有成效。我们越是责怪别人或外部环境，我们的精力就可能会变得越消极，越缺乏抵抗力。

　　如果我们想做好更多事情，对这个世界产生更大的影响，我们就要增加精力方面的能力。通用电气的前CEO杰克·韦尔奇，在雇用领导人的时候，非常重视候选人的精力。他看重毅力胜过许多其他的品质，因为他认为这对领导力的持续性来说非常重要。他还看重领导人有没有能力让别人充满精力并激励一个团队变得富有成效。

　　我感激精力。我成长在一个充满精力的家庭里。我的父亲总是在工作，并经常帮助别人。我的母亲非常勤劳，总是在照顾我们的家和我们一家人。我的哥哥拉里（Larry）从他十来岁的时候就开始工作。至于我，我从未能安安静静地坐着。我的老师们说过太多次了："约翰从没停止过讲话，我在上课的时候，他总是满教室地到处走。"我怀疑，每天早上，当我起床时，我的父母可能会说："哦哦。他起床了，简直要上天了。"

与精力有关的三个注意事项

这么多年来，我注意到，那些能力强的人不会坐等事情的发生。他们会主动出击、促使事情发生。这就需要精力、需要专注，同时也需要有明确的目标。那么你该如何集中自己的精力呢？这些年，我一直优先教给大家的是以下三点：

任务——我该做的事情

产出——我能做好的事情

回报——我爱做的事情

然而，这和精力有什么关系呢？以下就是它的作用原理：做有回报的事情永远会给你以精力。同理，做那些高产出的事情也是一样。然而，对大多数人来说，做自己的任务时却不会精力充沛——除非你的任务与产出和回报相一致。如果你能使得上面三项相一致，那你在做自己的工作时一定是精力旺盛。

怎么才能做到这样呢？你可以换工作。你可以找老板谈谈，看看他能不能给你调整任务。或者你也可以区分一下自己的任务，看看哪些是你必做的，哪些是你有能力去做的。

在我的职业生涯中，我采取的是最后一种做法。我不可能事事亲为。如果有些事必须去做，但是又不必我亲自去做，那我就授权给别人去做。如果是不必要的事情，那我就会把它从我的任务中取消。也许，你也是这样做的吧。

这些年来，我能更好地安排自己的日程了，所以我更是不断地把这三点融合起来。它们融合得越好，我的精力就越旺盛。如今我的任务是领导、交流和创造。因为这三种任务和我的激情、才能相一致，所以我总是精力充沛，即使我现在已年近七十。

帮助我将精力最大化的一些问题

即使你无力改变自己的任务，你也仍然有办法实现精力最大化。这里我给你提五个问题，这种策略可以帮助你管理并增强自己的精力能力。如果你能回答它们，并按照自己的回答来行动，那你的精力就会大幅度地增强。

1. 充电问题——"我什么时候充满电？"

如果你像我这样常常外出，那你的许多时间就会是在机场。在这里，我以前常常看到人们坐在充电插头附近的地板上，给自己的手机和其他电器充电。但是逐渐地，我看到登机门附近的座位旁有了很多充电站。机场发现，人们需要电源，他们要充电。

我希望更多的人能够像给手机和笔记本充电一样，主动给自己充电。如果这样，他们就会发现自己的能力上到了新的高度，同样他们也会获得新的满足。

作家、研究员汤姆·拉斯（Tom Rath）在他的书《你充满电了吗？》（*Are you fully charged*？）的开篇部分谈到了精力对我们的生活的影响，他说：

当你充满电时，你能做的事情就更多，你的反应就更强，你的头脑敏锐，身体强壮。这时，你的投入就会更多，相应地，满足感也更多。这种状态持续下去，就会使你进入良性循环。

在书中，他还描述了一个人体验"满电"状态所需要的三个条件：

意义：为他人做好事

反应：产生出更多积极而不是消极的反应

精力：做出有利于身心健康的

选择

> 问问你自己："我怎么才能充满电？"

汤姆·拉斯的话使得我也不由得要问自己一个问题："我怎么才能充满电？"下面，我把我的答案送给你，因为我认为它们可以促使你去对自己的情况做出思考。

在自己的能力范围内生活

每当我在领导、交流的时候，我都处于满电状态。我会精心利用自己的能力来做那些我特别关心的事情。"我天生就是做这事的人。"你在做什么事情时会有这样的感觉？

多陪家人和朋友

在这个世界上，能给我带来最大快乐的就是和我的亲人、朋友们欢聚在一起，留下美好的回忆，一起学习、一起成长、一起变老。我喜欢与我爱的人一起分享这些经历。因此每年我和玛格丽特都会主动带着全家人一起出去度假。我们一起成长、共度美好时光、提升自己、共建和睦家庭。哪些活动可以给你带来充沛的精力？

增加别人的价值

我爱大家，每天，我都会想办法增加他人的价值。对我的团队、客户和陌生人都一样。帮助他人让我浑身有使不完的力量，而且还增强了我的使命感。你为他人做的哪些活动会增强你的动力，并给你以力量？

照顾好自己的身体

我必须承认，有时候我没有照顾好自己。多年来，我忽视了锻炼、适当的休息和健康的饮食。然而，最近这些年，我慢慢地认识到，照顾好自己的身体并不是自私的行为，也不是在浪费时间。这和公司的管理紧密相关。我来到这个世上，就是为了帮助他人，并利用我的才能来影响他人。如果我的健康不佳或者我死了，我就做不到这些事情。为了使自己更加健康、精力更加旺盛，你该怎么办？

努力成长并有所建树

一个朋友曾经对我说过："成长就是幸福。"我很赞同。在我培养他人、创建公司、拓展能力、寻求各种机会的过程中，我感觉自

> 全力以赴，实现自己可以实现的生活目标——这样的人生才有激情。
> ——纳尔逊·曼德拉

己的生活始终充实而幸福。纳尔逊·曼德拉说得很对。

心中有上帝

在我写这篇文章的时候，我正在眺望着大海。旁边的写字台上放着一块台匾，上面写着："啊，上帝，海洋如此雄伟，我的小舟如此弱小。"我是上帝的信徒，这句话使我想到了伟大的上帝，在他的面前我只是个卑微的小人物，我只能依靠上帝。他时刻在我心中，我要做的就是追随他，并寻求他的指引。

它使我明白了上帝对我无条件的爱。这些想法给了我力量。如果你也是上帝的信徒，为了得到上帝带给你的精力，你有什么更好的与上帝沟通的方式？

这是我列出的会让我满电的一份清单，你的充电方式是什么呢？如果你不知道，那就花点时间想一想。这样，你就会主动去给自己充电。

2. 消耗性问题——"哪些事情偷走了我的精力？"

有些人一直教育小孩子，只要你够努力，那你就可以做到任何事情。但是，这话说得不对。虽然我认为人有无限的潜能，但是我也知道，在自己不擅长的领域里，人无法做到最好。就像我，无论我如何努力，我也无法成为一个职业芭蕾舞演员。

盖洛普（Gallup）曾经做过一项有关工作懈怠方面的研究。研究证明，万事皆有可能的神话导致了很多人多年都做着自己所不擅长的事情，结果这些人在工作中犹如推石上山。人这一辈子，为什么要去做那些自己所不擅长的事情，而不去做那些自己天生就适合做的事情呢？为什么不去想一想，自己的专长在哪里，从而想办法培养自己的能力呢？这本是利己利人的事情。顺流而下和逆水而上，这是完全不同的事情。前者增加你的速度和效率，而后者消耗你的精力。前者使你光芒四射，而后者使你心力交瘁。

如果你在自己不擅长的领域耗费精力，你会感觉疲惫不堪。但是，如果你能把自己在这方面所耗费的精力用在自己所擅长的领域，那你就会走得更远。

耗费许多人精力的另外一件事是如何处理生活中的变化。体操运动员丹·米尔曼（Dan Millman）说过："改变的秘诀是努力建立新的事物，而不是专注于如何消除旧的事物。"维持改变所需要的意志和决心并不像许多人所想的那样轻松容易。

哪些事情消耗了你的精力？你是否注意过这些事情？你是否做出努力去避免这些事情？请务必找出这些事情，并采取行动与之对抗。

3. 好友圈问题——"我的精力增长计划可行度有多高？"

大学刚一毕业，我就发现了好友圈问题。那年 6 月，玛格丽特和我结了婚，搬到了离家二百五十英里之外的一个地方。能跟玛格丽特开始我们的新生活，我的心都醉了。但是还没过几星期，我就意识到，这美好的生活很大程度上要归功于父母给我的力量。我的父母都是精力充沛的人，父亲那积极的心态和自信也传染给了我，还在我小的时候，只要跟父亲在一起，我就会浑身都是力量。我的母亲对我有着最深的爱，无论何时，我都可以与她倾心交谈。

那时还没有手机，长途电话很贵，玛格丽特和我付不起那高昂的话费，所以我们和父母的联系很少。那对我是一段调整期，因为我的精力水平明显下降。汤姆·拉斯说，研究表明，好友圈对人的影响很大。他说："更能影响你幸福的是周围的人——你每天见的人、居住在几个街区之内和几英里范围内的人，而不是那些遥远的人。"

人不是唯一可以给我的生活带来精力的因素。任何对你产生积极影响的事情都可以增加你的精力。关键是要主动去靠近这样的事情。多年来，我一直都在主动接近那些能增加我精力的事情，这样在我需要精力的时候，我就可以迅速地得到他们的帮助。例如，当我准备演讲、需要精神动力的时候，我就会查看我的苹果手机，读一读其中的励志文章。当我因持续写作而困倦时，我就会看看办公室的书架，找一本曾经改变我生活的书籍。这会提醒我，我做的事情有可能会帮助到他人。当我日程繁忙、很难专注于大事的时候，我就会拿出我的记事本，读一读上面的本年度目标。当我身体疲惫的时候，我就会走进健身房，练得大汗淋漓。当我情绪不振的时候，我就会给圈子里的某个人打个电话。

这些事情都可以提升我的精神，你也需要想一想哪些事情可以给你以活力。请你看看下面的列表，看看里面哪些事情可以作为你的精力来源。

音乐——让你振奋的音乐

想法——忽然冒出来的念头

经历——那些使你精神焕发的活动

朋友——那些鼓励你向上的人

娱乐——那些让你开心的娱乐活动

灵魂——给你以力量的精神活动

希望——鼓舞你奋进的梦想

家——关心你的家庭成员

才赋——给你以活力的才能

回忆——给你带来微笑的记忆

书籍——改变你人生的那些知识

4. 百分之百的问题——"我什么时候需要精力满满？"

要尽可能地增强自己的精力，这很重要。同样重要的是要学会巧妙地使用自己的精力，在需要的时候使用，在不需要的时候保存，而且还要知道何时需要、何时不需要。在我十八岁的时候，我就开始问自己这个问题。

我刚入大学的时候，需要一份工作。我的朋友史蒂夫建议我们两个去杂货店当理货员。这个主意听起来不错，于是我们就找了一家店，去跟经理谈。

"小伙子们，"他说，"跟我到商店后面去。"他随即转身，快速地向着商店后面走去。我现在还记得，我当时在想他的动作好快啊。史蒂夫紧紧跟在他的身后，而我停顿了几秒钟才跟上了他们。在商店的后部，我们填写了申请表，然后跟经理握手道别，回去等他的电话。

第二天，史蒂夫接了个电话，说他被录用了。而我也接了个电话，说我没被录用。

那一整天，我都无法理解到底出了什么事情。为什么史蒂夫被接受，而我就被拒绝了呢？第二天，我再也受不了了。于是我就去到杂货店，问经理为什么他没有录用我。

他答道："你在向商店后走的时候，速度不够快。我要找的是精力旺盛的男孩，史蒂夫够格，而你不够。"

啊！我敢说，我会做得比史蒂夫好，但是他被雇用了，就因为他动作快。在我走出店门的时候，我明白了，在才能缺乏速度的时候，速度就会打败才能。

> 在才能缺乏速度的时候，速度就会打败才能。

自那以后，在有必要的时候，我就把调理自己的精力作为优先考虑的事情，因为一个人不可能一整天都精力充沛。所以，我每天都会看看自己的日程，挑选出杰弗里·吉特默（Jeffrey Gitomer）称之为"表演时间"的事项。这个时候的言语、行为和想法对你的成功和你的生意都至关重要。

我明天的日程已经排满了，但是在我仔细查看的时候，我可以看到我有三个表演时间。上午十点，我要见圣路易斯红雀队的经理麦克·马西尼（Mike Matheny）和这家棒球队的二十位高管。我要与他们分享能为他们增加价值的领导原则，在这个过程中，我要保持百分之百的精力。下午两点，我要见我的五家公司的执行总裁马克·科尔，我们要谈三个重要的问题，其中包括如何训练危地马拉的五万名领导人，他们将担负起向那里的二十五万人传授领导能力价值的责任。下午六点，我要见希望之书的总裁罗伯·霍斯金斯（Rob Hoskins）。我们要与捐助者们会面，并向他们阐述我们在以后的五年里培训五百万孩子的领导能力的计划。我们相信，这些捐助者将会为这个倡议捐献三千万美元的资金。那么明天哪些事件不需要百分之百的精力呢？下午七点半在实验室抽血的时候、吃午饭的时候、开车去劳德代尔堡的时候、晚上在正式招待会上与人握手的时候。

你需要了解每天中的表演时间，不论它是在一天中的什么时候，或者你这一天中有多少次，在这个时间里，你需要用百分之百的精力来展示自己。这是你实现自己能力的唯一方式。

5. 余地问题——"我需要但没做的事情还有多少空间？"

最后这个问题是，在你想要保持最佳精神状态的时候，你该如何给自己的生活留有余地。这里的余地指的是喘口气、思考和调整的时间。给自己留余地不仅可以给自己以成长的空间，还会给你以再次充电的机会。

我得承认，这对我一直是个挑战。在留余地这件事情上，我做得不好。多年来，我的日程一直安排得非常紧张。好消息是，我的效率很高；坏消息是，因为没有留余地，我失去了好多机会。

例如，今年，因为没有留余地，我失去了两次去奥古斯塔国家高尔夫俱乐部打球的机会。今年我想要再版我的书《中层领导力》，但是因为没留余地，我没时间去做。但是我在学着改变。我已经计划在明年的日程安排中给自己留下余地。

几年前，我读到《哈佛商业评论》（*Harvard Business Review*）上的一篇有关精力管理的文章。作者指出，为了自己的健康和效率，人们需要留有余地。他们需要时间从困难和情感创伤中恢复。如果没有余地，人们就会变得消极。文章中写道：

如果没有经常性的恢复期，我们在心理上就无法长期保持积极的情绪。面对着无尽的需求和意想不到的挑战，人们通常会陷入负面情绪中，也就是或战或逃的模式之中。这样的情况一天中会出现多次。他们变得焦躁不安、心绪不宁、缺乏安全感。这种精神状态会消耗他们的精力，导致人际关系紧张。这种或战或逃的思维模式还会使人无法清楚、合理地思考和反思。如果执行人员能够明白是什么事情引起了自己的负面情绪，那他们就可以更好地控制自己的反应。

你在自己的日程安排中给意外事件、精神和心理的恢复期留下余地了吗？我到现在还觉得这件事很难。在《触摸大地》（In the Touch of the Earth）一书中，珍·荷西（Jean Hersey）写道："对一个人来说，特别重要的一件事就是不要把自己的生活塞得满满当当，不要把每一天、每一星期都安排周到。一定要给那些想不到的事情留下时间，因为就是在这些意外事件中，我们看到了偶然来临的机会。"而且这些空出来的时间还可以使我们更灵活地使用自己的精力。

幸运的是，如今我在给健康留余地这个方面做得要好多了。现在我有个教练负责我的身体锻炼，还有个医生帮助我管理体重。在休息和恢复这两点上，我做得比以前好多了。

我的运动量也大了，体力和精力也保持得很好。我仍然努力在这方面和其他方面做得更好，例如我的日程安排。

你对自己的精力思考得多吗？你是否认为自己的精力能力是有限的？你是否认为自己的精力能力无法改变？如果是这样，那你就需要改变自己的思维定式。从现在开始密切关注那些能增加或减少你精力的事情，调整自己的做法，尽可能少做那些消耗你精力的事情，努力做那些能增加你精力的事情，把精力多放在重要的事情上。

请相信我，这会改变你的生活。

关于精力能力的问题

1. 哪些活动、人、任务和地点消耗了你的精力？

2. 哪些活动、人、任务和地点增加了你的精力？

3. 在你生活的哪些方面，你和周围那些人的精力没有得以最大化利用？

4

情绪能力——管理自己情绪的能力

1969 年，我在印第安纳州（Indiana）的农村开始了我的牧师生涯。人们希望牧师能够为参加集会的人提供咨询服务。上大学的时候，我曾参加过这方面的课程，加上我也乐于帮助他人，因此作为一名新的主任牧师，我便开始接手这项工作了。

虽然有时集会进行得很顺利，但是大部分情况下，都不那么顺利。我本来也没有做咨询师的天赋，因此我对此要承担一部分责任。当人们向我提出问题时，我希望给他们一个行之有效的解决方案。但直到他们否决了这个方案，我才会重新审视他们提出的问题。

然而这并不是做咨询的正确方式，这也是我放弃的原因之一。

现在，我回顾过去那段时间，很清楚地知道，造成集会不完美的原因不仅仅在于我自身，还有其他的问题：

- 绝大多数人不敢正视真正的自己。
- 很多人压根就不想解决问题，他们只想找个人来倾诉。
- 有些人情感脆弱，因此他们不知道如何处理生活中的难题。

那个时候，我真的想不通，为什么会有人情感脆弱。当时我也没有一个好策略来帮助人们提升情绪能力。但是现在我有办法了，而且愿意和你们一起分享。如果你的情绪能力不够强大，这个策略会帮助你提升情绪能力。如果你的情绪能力天生就很强大，你可以采用这些建议帮助你的团队成员和你的家人。

如何提升你的情绪能力

在我们深入探讨这个问题之前，我想解释一下什么是情绪能力。情绪能力是指以积极的方式处理逆境、失败、批评、变化和压力的能力。以上所提到的都会在生活中给我们带来压力。我发现，对压力或者说对情绪上的压力无所适从，带给人们很多困惑。为了逃避压力，他们会选择放弃，情绪崩溃或做一些伤害健康的事情。然而，内心强大的人能够管理自己的情绪，克服困难。这个过程使他们提升了自己的能力，同时进一步挖掘了自己的潜能。

我认识很多拥有强大情绪能力的人，也同他们进行过交谈，我会观察他们的行事方式。在他们身上发现了以下七条惯例，如果你能够采纳，将有助于提升你自身的情绪能力。

1. 内心强大的人会积极主动地处理自己的情绪

内心强大的人首要做的一件事，也是最重要的一件事情便是，在情绪中采取积极的方式。他们从不会说："那就是我的感受。我也无能为力。"他们永远都不会成为情绪的受害者。

研究员兼教授M. 阿施（M. Asch）在她的著作《应用心理学面面观》（*Perspectives on Applied Psychology*）中提出："记住，行动是情绪的前导。"这句话的意思是，你可以做一些事情来影响你的情绪。也许你不能完全控制那些情绪，但可以通过你的行动改变它们。关于这一点，我有个最喜欢的例子，是作家兼演说家奥格·曼狄诺（Og Mandino）写的。他是这样写的：

> 如果我感到沮丧，我会歌唱。
>
> 如果我感到伤心，我会大笑。
>
> 如果我感到身体不适，我会加倍进行体力工作。
>
> 如果我感到恐惧，我会勇往直前。
>
> 如果我感到自卑，我会穿一件新衣。
>
> 如果我感到不确定，我会提高嗓门。
>
> 如果我感到贫穷，我会想着即将到来的财富。
>
> 如果我感到还不能胜任，我会想起过去的成功。
>
> 如果我感到自己无足轻重，我会想起我的目标。
>
> 今天，我要成为自己情绪的主人。

我不确定我会不会成为"情绪的主人"，但是我会一直行动，试图阻止那些具有破坏性的情绪。

我所知道的是，每个人都会遭遇意想不到的暴击，被消极的人际关系搞得措手不及，被未知的暴击挫败。有时候我们想问为什么世界如此不公平。但只有行动才能将我们从目前的逆境中解救出来。所有的祈求、希冀、否定、哭泣、咒骂、抱怨、责备和等待

> **行动是情绪的前导。**
>
> ——M. 阿施

只会让我们继续陷在逆境的泥潭之中。我们从情绪的波动中恢复得越快，并采取行动，向前迈进，我们在情绪掌控上就会变得越强大。我们是继续工作掌握情绪，还是继续被情绪掌控，选择权在自己的手中。

2. 内心强大的人不会浪费时间自怜自悯

你可能听说过一个笑话，说的是一位女士对她最好的朋友抱怨："全世界都和我作对！"

她的朋友努力地安慰她："你说得不对，世界并没有和你作对。"她补充说："世界连你是谁都不知道呀。"

这个笑话可能有些老套，却阐明了自怜自悯的那些人共有的特点：他们会消极地放大整体的处境。

在最近的一次会议上，我和几位领导人分享了一个观点——你不可能一边抱怨一边领导好团队。这个观点同样适用于成功学。你不可能在心有抱怨的时候还能继续前进。对麻烦抱怨不止和向着正确的方向前进是不可能同时发生的。美国前海豹突击队队员埃里克·格雷坦斯（Eric Greitens）在他的著作《适应能力》（*Resilience*）中写道：

> 我们要无视生活中的很多烦恼。但这并不意味着我们要压制、忽略或否认痛苦。强烈的痛苦需要我们迎难而上。具备适应能力的一个标志是学会分辨哪些痛苦值得我们关注，哪些不需要。关注所有的痛苦并不能让我们具备适应能力，那样往往只会导致抱怨。

如何处理困难，如何让自己免于遗憾，每个人都有自己的方式。我非常欣赏美国职业高尔夫协会（PGA）专业球员理查德·李（Richard Lee）在逆境中处理难题的方式。我和他在圆石滩配对赛（AT&T Pebble Beach

> 具备适应能力的一个标志是学会分辨哪些痛苦值得我们关注。
>
> ——埃里克·格雷坦斯

Pro-AM）中相遇并成了朋友。我曾经获得特权有幸在对抗赛中打几场球，其中有两场是和理查德一起。有一年，我们竟然一起打了季后赛！那个周末我在第一发球台拿到了一把高尔夫雨伞，上面写着"我晋级到圆石滩配对赛下半段"，那种兴奋感我永远都不会忘记。这把雨伞也是我最宝贵的奖品之一，因为没有多少业余爱好者能获得这种嘉奖。而在另外一场比赛中，我们打得很糟糕，最后的排名跌到榜单底部。

那年我们表现很糟糕，没能晋级到后半段的比赛。比赛结束后，为了安慰自己，从比赛的失落情绪中恢复过来，我们一起去吃晚饭。吃饭过程中，我问了理查德很多问题，其中一个便是："你打球过程中得到过最好的建议是什么？"

"欢迎每一个球。"他回答道。这个回答激起了我的兴趣。桌上的每个人都很期待他对此的解释。

"我打高尔夫是为了谋生，"他说道，"每一个球对我来说都至关重要。在对抗赛中，任何一个球都有可能成就我，也可能挫败我。

"在我职业生涯的早期，我的岳母见过我球没有打好时候的表现，我会非常沮丧。负面情绪充斥在我的大脑里，影响整个比赛。

"有一天，岳母对我说：'理查德，你总会有打球失误的时候。每个高尔夫球手都会出现这样的状况。然而当你走向你的球时，你需要决定如何面对这个球的位置：是不停地担心球的落点不好，而变得低落产生负面情绪呢，还是选择另一种——每一次击球的结果我都欣然接受，并为自己是一名高尔夫球手感到高兴，因为我可以有机会进行一次出色的救球？不管球的位置落在哪里，如果你可以欢迎每一次击球，你将会打出更多的挽救性击球。'"

理查德看着我们，说道："不管我的球落在什么地方，我都会径直走向它，欢迎它，接受它。这个态度给我的比赛带来了巨大的改变。"

打一个挽救性击球！这种面对逆境的态度简直太棒了。

在生活中，每个人都会面对"糟糕的落点"。当事情进展不顺利，当路的前方有阻碍，当生活中遇到不公，我们如何应对呢？当发现"球的落点"时，心态如何呢？我们是让糟糕的落点毁掉斗志呢，还是欣然接受这个球？

这让我想起来我在初中第一次上戴尔·卡耐基（Dale Carnegie）课程所学到的东西。老师教导我们问自己一个问题："最坏的情况是什么？"如果你敢于问自己这个问题，并做好充分准备接受最坏的情况，你便可以打一个很好的"挽救性击球"。如果事情真如我们所料那般糟糕，你自然可以应对。如果事情没有我们所料那般糟糕，一切都会向更好的方向发展。

3. 内心强大的人不会允许别人控制自己的人际关系

当我作为一名领导者开始自己的职业生涯，我认为，"有效"意味着让每个与我共事的人感到开心。因为我有良好的维持关系的技巧，我很擅长与人相处，在他们情绪低落的时候，给他们加油打气。但是，我是一个讨好型的人，换言之，他人的行为控制着我的生活。

直到有一天，我的导师埃尔默·汤斯给我讲的一番话引起了我的注意，他说道："约翰，往往内心较弱的人才会控制人际关系。"他对此解释说，

> 往往内心较弱的人才会控制人际关系。
>
> ——埃尔默·汤斯

内心强大的人通常有能力去适应困难的关系，而内心较弱的人则不会或没能力这样做。

这番话含义深刻。如果在一段关系中，你是情绪能力强大的一方，但你意识不到推动关系的动力，你会一味按照另一方的方式进行相处；然而，如果你注意到了这段关系的动力，你可以选择被动地适应他人，也可以选择用行动来影响他人，或是让自己远离其他人。

教育学教授利奥·巴斯卡利亚（Leo Buscaglia）[1]表示："世界上最容易的事情是做自己。最难的事情是成为别人所期待的样子。切勿让他人将你推到某个位置。"从那时开始，我开始从不同的角度审视我的人际关系。如果在一段人际关系中，掌控者是一个弱者，我便不得不采取行动，或者也可能正说明，我的情绪能力不够强大。机能失调的人希望他人和自己一个水平。平均水平的人希望他人达到平均即可。只有高水平的人才会希望他人能有所突破。

这使我踏上了一段发现之旅。首先，我试图客观地看待那些我想

---

[1] 利奥·巴斯卡利亚（1924—1998），世界著名的演说家和作家，曾任美国南加州大学特殊教育系教授，美国的大众传播界称他为"拥抱博士"。他的书几乎变成爱的圣经，他有五本著作同时登上《纽约时报》畅销书排行榜。他的著作已被译为十七种语言，发行量超过一千八百万册。他的主要作品有《彼此相爱》《生活、爱、学习》《爱》《开往天堂的9路巴士》等。

讨好的人。他们的人生向哪里前进？他们的动机是什么？他们是否具有更辽阔的视野？他们的欲望是否符合其他人的最佳利益？其次，我在寻找领导关系，成长和成功的正面典范，看看他们做了什么，他们的优势是什么，他们如何实现自己的理想，他们如何待人接物，当我将两组进行比较的时候，发现两者根本没有可比性。我敬佩的那些人为我指出前进的方向。我从他们身上学到很多，按他们的方式处事。我如此做得越多，便越不想取悦另一些人了，因为他们的目标和视野都不能和我匹配。有时候，我需要抛弃一段旧的人际关系，去迎接一种新的生活和领导方式。

人际关系很复杂，有时候也很难操控。在我看来，掌控好自己的生活，不受他人所控，一种有效的方式便是理解自己人生中的不同身份：丈夫、父亲、朋友、商人和领导者。每种身份对应不同的处事方式。每天，我都在不同的身份交替中选择不同的处事方式。

最近，我看到心理学家亨利·克劳德（Henry Cloud）讲的一个故事，很好地诠释了不同身份之间的转换：

曾经有一位成功的商人白手起家，并把公司做到了很大的规模。他打算在自己退休的时候将公司的经营权交给儿子。有一天，当他走过厂房的时候，看到儿子在众人面前训斥一位员工。他盯着儿子，让他到自己的办公室。

"大卫，"他说道，"在这里我有两种身份。我是老板，同时也是你的父亲。现在，我以老板的身份通知你，你被解雇了！你在这里的一切结束了，我不会允许你刚刚的行为出现在我的公司里，我的员工不能受到如此对待。类似的事情，我之前便警告过你，如今你依然我行我素。

不好意思，我只能让你离开了。"

接下来他说道："现在，我要回到父亲的身份。"

停顿一会儿，他继续说："儿子，听说你刚刚失业了，我怎么样才能帮助你呢？"

内心强大的人珍视与他人的人际关系，同时也不会受制于对方，尤其当他们处在复杂的人际关系网中。

4. 内心强大的人不会在不可控的事情上浪费精力

我一度很崇拜纳尔逊·曼德拉。几年前，我同一名记者和曼德拉的狱友去罗本岛（Robben Island）参观。我看到了岩园，看到了曼德拉和狱友们讨论结束种族隔离时所在的岩洞，看到了监狱的院子，还有那个长三米、宽两米半的牢房，在这个牢房里，曼德拉度过了他二十七年的牢狱生活中的十八年。有十五分钟的时间我单独待在牢房里，躺在牢房的垫子上，盯着牢房的栏杆，想象着自己被关在里面，渴望着自由。我离开的时候在想，监狱不可能锁住一个人的伟大，更不可能禁锢一个人的梦想。

那天，我和记者聊了几句，我们谈话的主题一直都是，曼德拉不允许自己改变不了的事情控制自己。他的解决方案是，在恶劣的环境中分离好的部分，并专注于好的部分做到更好。

那天晚上，我在宾馆的房间写下这几句话：

纳尔逊·曼德拉教给我的那些事

我们周遭的环境不能控制我们的精神。

贬低我们的人无法决定我们的价值。

梦想可以在日常的琐碎中诞生。

我们可以凤凰涅槃，并治愈他人。

将自身掌握的事情控制好，不在自身不可控的事情上浪费时间，是生活中的重要一课。我的导师兼顾问弗雷德·史密斯（Fred Smith）经常告诉我："你必须明白生活中的现实和问题之间的区别。生活中的现实是你无法控制或解决的，而生活中的问题是你可以解决的。"我从未忘记过这个伟大的建议。

> 你必须明白生活中的现实和问题之间的区别。生活中的现实是你无法控制或解决的，而生活中的问题是你可以解决的。
>
> ——弗雷德·史密斯

内心强大的人从不会在交通堵塞的时候白费力气。他们不会丢掉行李或是陷入堵塞的怒气中。他们很清楚这些都是自己不可控的因素。因此，他们会把精力放在自己可控的事情上。

我十六岁的时候，我的父亲努力将这个观点灌输给我。就在我们要乘车去参加我的驾照考试的时候，父亲将一本书放到了储物箱里，告诉我："儿子，可能有时候在你打算穿过铁路时，不得不停下来等待。这个时候就拿出这本书来翻几页，不要让无法改变的现状浪费你的时间。"久而久之，我总是习惯带本书或是其他资料，度过这段不得不停下来的时间。同时，对于我能控制的事情，我必须负起责任：

- 我的态度——只有我才能控制自己的所思所感。
- 我的时间——只有我才能决定我将如何度日，与何人度日。

- 我的优先权——只有我才能决定人生中的重要之事以及其所占用的时间。
- 我的热情——只有我才能认清我的所爱以及要为此付出的行动。
- 我的潜力——只有我才能决定我会在哪一方面挖掘自己的潜力。
- 我的召唤——只有我才能为自己的意愿回答上帝的召唤。

我将把自己的精力放在这些事情上。可能有时会引来别人对自己的不满，但我不会让自己不开心。只有我才能为管理自身这几个方面负责任。只有我才能回应上帝的召唤。

5.　内心强大的人不会一直犯同样的错误

据说，精神错乱的定义是，不停地重复同样的事情却期待出现不同的结果。我们带着逻辑去思考一下，同样的行为肯定会产生同样的结果，但是，很多人却固执地在重复中期待出现不同的结果。简直筋疲力尽啊！为什么会出现这种情况呢？因为这些人从不会花时间停下来，分析一下为什么付出的努力没有得到好结果，然后改变一下路线。

而成功人士保持情绪高涨的很重要的一个方法便是，避免落入这个精神错乱的陷阱。当然，他们都会犯错误，但是他们会花时间从中总结教训。他们不会遵循老套的行事方式，也就是"这件事情过去就过去了"，反而，他们会采用另一种方式：直到我从中吸取了教训，这件事情才算过去了。

这么多年来，我一直遵循的一个理念便是，思考会将经验变成真知灼见。如此坚持帮助我成长，增长智慧，保持高涨的情绪能力。我是如何做的呢？接下来便是答案：

自我回顾

每天晚上，我都会拿出一段时间来回顾自我，问自己几个问题。我将此看作与

> 思考会将经验变成真知灼见。

自己的约会。我经常问自己的一个问题是："我今天犯了什么错误？"我之所以这样做，是因为我将我所犯的错误看作自己成长的沃土。很多人对犯错的恐惧大过他们从中学习的热情。而我却恰恰相反，我对学习的热情远大于对犯错的厌恶。

自我思考

内心强大的人在反思的时候，会首先审视自己，看看自己需要改变什么。他们不会关注其他人或是周围的环境。因此，当我认清自己的错误，便会问自己："我能从今天的错误中学习到什么？"

自我对话

每天，我们进行的最重要的对话便是同自己的对话。自我对话将会对我们产生重要影响，会使我们在发现自身不足时依然保持积极。我经常提醒自己的一件事是，我从错误中得以学习和成长，所有的努力都会使我靠近我想成为的那个人。

自我引导

避免犯同样错误的下一步便是给自己一个正确的方向。演讲家吉姆·罗恩（Jim Rohn）说过："改变生活现状的一个最佳方式便是立即行动，做

'应做清单'上的任何一件事情。"当我观察自己的错误，并从中有所学时，我便将错误抛在脑后，决定了接下来的正确方向。这些都在我的"应做清单"上。

自我行动

我并不会对"应做清单"长时间地执拗。我的惯例是，每完成一项便将其从"应做清单"中移到"已做清单"中。生活中已经充满了压力，我们不应该再给自己不断加码，让自己时刻背着一个满额的"应做清单"。

内心强大的人对自己都很诚实。思考的铁律是要努力保持诚实。这很重要，就像美国诗人和评论家詹姆斯·拉塞尔·洛威尔（James Russel Lowell，1819—1891）

> 对自己都不能完全真诚的人，不会大有作为。
>
> ——詹姆斯·拉塞尔·洛威尔

说的："对自己都不能完全真诚的人，不会大有作为。"

6. 内心强大的人不允许起起落落控制生活

从小我便学过一句谚语："能够控制自己情绪的人比攻占一座城市的人更伟大。"虽然我不知道占领一座城市的难度有多大，但是我知道掌控自己的情绪确实很难。这也是我正努力在做的事情。我希望能够掌控自己的情绪，而不被情绪所控。

我曾读过一个故事，一个人同美国职业高尔夫协会的高手山姆·史尼德（Sam Snead）打了一场高尔夫球。在第一洞，史尼德成绩很糟糕——一百七十三杆以上。当他们一行人去下个球洞的时候，史尼德很平静，说道："这就是为什么我们要打十八个洞。"

最后，史尼德的成绩是标准杆四杆。他并没有让开局的低潮影响情绪，影响比赛。

在我成为领导者的早期，一位导师说过："领导的生活中，好日子不会连续超过两天。"确实如此啊，经过七十年的岁月，我想说没有一个人的生活中，好日子会持续两天。每天都可能会发生消极的事情让我们情绪低落。

你可能很清楚，我们不能让这些事情影响自己的情绪，变得消极丧气。但是你是否意识到，我们也不能让高涨的情绪过分高涨。成功很容易让我们变得自满。我们会认为，所有的事情都会保持良好的状态，因此我们只需要静享荣誉，保住现有的一切。我们开始变得理所当然，丢掉眼界，停滞不前。最后，起起落落将我们从现实中剥离，不再付出行动。

我如何控制起起落落对自身的影响呢？我用的是二十四小时规律。做起来很简单，无论喜悦还是低落的情绪，自发生起，我只令其持续二十四小时的时间。如果我取得了巨大成功，我会庆祝二十四小时。同我的团队击掌，享受成功，互相祝贺，但这种情绪仅仅持续二十四小时，之后我们又回归日常工作。我们清楚地知道，昨日的成功不会带来明日的成功。今天的工作最重要。

如果我不能让自己从成功的情绪中抽离出来，我便会做一些能让自己看清现实的事情。我会翻阅吉姆·柯林斯（Jim Collins）的《基业长青》（*Built to Last*），看看书中那些起步很好但最后沦落失败的公司。我会列一个清单并提醒自己，如果不做些积极的改变或是有所提高，就会犯清单上的错误。或者我也会选择另一种方式，那就是看清横在面前的挑战。

同样，当我经历了巨大失败后，我会给自己二十四小时的时间消沉，听蓝调音乐，穿黑色衣服。但当时间接近二十四小时的时候，我便要做一些事情让自己的情绪回归稳定。我会选择与正能量的朋友相聚，打一场高尔夫，与他人分享我在失败中总结的教训，总之努力去关注生活中积极的事情。对了，我还可能选择去帮助其他人。

行动是关键。无论面对高潮还是低谷，立刻行动帮助我重新步入正轨，重新掌控自己的情绪。这便是我保持内心强大的方式。

7. 内心强大的人会理解和感谢，并通过努力成长

很多人抵触改变，急于求成，希望生活一帆风顺。然而，这些期望只会让一个人变得情感脆弱。为什么呢？答案就是，生活中本来就充满了坎坷。内心强大的人期待困难的出现，并珍惜由此带来的成长。就像咨询公司"从内领导（Lead From Within）"的创始人兼总裁萝莉·达斯卡尔（Lolly Daskal）在书中写的那样：

不愿改变是人们的天性，尤其当人们陷于逆境或面对挑战的时候。但是，做出改变又是不可避免的，改变是为了培养适应能力，不但能帮助我们度过变化期，同时会让我们有所学，有所成长。适应能力是应对压力和逆境的能力，这种能力来自对自己的信任，同时这种信任会超越自身。适应能力并非一种与生俱来的能力，这种能力包含一个人的行为、思想和行动，这些都是可以通过后天的学习和培养形成的。

内心强大的人是不会急于求成的。当越来越深入生活的时候，他们会发现生活漫长而艰辛。面对挑战时，他们会充满能量刚毅面对。因为这些人知道真正的成功需要时间。他们不断尝试不断失败。他们四处碰壁却依然不屈不挠。他们坚持奋斗，步步为营。他们专注于做出正确决定，并当机立断。可能，一夜之间他们会改变做出的决定，但绝不会期待一夜之间抵达终点。他们具有广阔的格局，又不会半途而废。他们很好地展现了《适应能力》的作者埃里克·格雷坦斯提到的态度。

你会失败，尤其在起步的时候会经历失败。这很正常，甚至是必须的。但如果不具备适应能力，第一次失败也会是最后一次失败——一切就此结束了。那些在工作中很出色的人可以很好地

> 不具备适应能力，第一次失败也会是最后一次失败——一切就此结束了。
>
> ——埃里克·格雷坦斯

应对失败。而且大失败要比小失败频繁得多。但也会因此有更多的开始，更多的尝试，更多的横冲直撞。伟人总是经历很多错误才会稳站山巅。

格雷坦斯相信，有一些事情是所有人必须做好的：呼吸、睡眠、喝水、吃饭和爱。但是他也坚信，所有人都要奋斗。为了挖掘个人潜力，我们需要去迎接挑战，解决难题。但前提是，我们要掌控自己的情绪，感激自己的努力。

一个具备情绪调节能力并强大的人，会充满能量地面对每一天，按照一个清晰的计划行事。我们不可能一边背负着旧情绪的包袱，一边保持新情绪上的适应能力。

　　最近，史蒂夫·乔布斯的一个观点让我明白了重新开始这种能力的重要性。他说，擦掉我们的业绩板，并让自己重新开始。这个月，当我和玛格丽特为搬家收拾东西的时候，我决定采用他的这个建议。我们给所有的物品进行了估价，打算扔掉一部分。

　　有一个月的时间里，我都在不停地翻阅旧文件柜。那里面有我过去四十五年来存放的资料，用来为以后的写作和演讲提供素材。当我努力分类，哪些是我搬家要带走的，哪些是要扔掉的，我忽然发觉，这些文件对我来说就是一个保护伞，只要我留存这些文件，我就会有依靠。但是最近一段时间，我打算挑战自己，不再去翻阅既存的资料，而是去写或去讲一些个人经历之外的事情，深入挖掘自我的思想和观点。

　　因此，我需要做一个决定，这个决定是令人激动的。这些文件柜代表着我过去四十五年对世界上的思想和观点的搜集。当我回顾这些文件时，我依然很清楚当初为什么把它们留下来，我是多么珍惜它们，我如何用它们来帮助别人。但是，虽然我很想继续保留这些文件，但我更希望有所成长。最后，我只留下了不到十个文件夹，其余的都扔掉了。

　　我再也不依赖文件的帮助了。现在我希望创造我的上帝，重塑自己。我有点喜欢这种方式。我逐渐发现，摆脱舒适区勇于冒险，从熟悉到未知，这一切都需要勇气和信念，当然还有情绪能力。

> 擦掉我们的业绩板，并让自己重新开始。
> ——史蒂夫·乔布斯

关于情绪能力的问题

1. 以前，你认为自己是一个内心强大的人还是一个情感脆弱的人？为什么？

2. 文中提到内心强大的人具备的七大惯例，你认为自己哪一点做得最好？

3. 内心强大的人具备七大惯例，其中哪一项对你来说最难？为什么？你打算做些什么让自己在那一方面有所提高呢？

5

思考能力——有效思考的能力

　　我的父亲在俄亥俄州的乔治城（Georgetown）长大，当时正值经济大萧条时期。由于父亲向来勤奋，工作努力，他总是能找到工作。在他还是个十来岁的少年时，就成功找到一份工作，为镇上仅有的三户有钱人家跑腿办事。在受他们雇用期间，他有了一个改变一生的发现。他注意到，那三个家庭的人与他自己家的人思维迥异，与镇上他认识的其他所有人的思维也不一样。更重要的是，这三个家庭的人思维习惯却彼此相似。虽然那个时候父亲还在上高中，但他得出了这个结论：成功人士与非成功人士的思维有所不同。

　　那个结论激励着父亲向成功人士学习，阅读有助于他积极思考的书籍，并努力工作提高他有效思考的能力。后来，父亲将这些经验传授给我的哥哥拉里、姐姐翠西（Trish），还有我，并激励我们成为善于思考的人。

　　因为父亲的鼓励，还有我自己对成功人士的研究，关于善于思考，我也得出了与父亲相同的结论。我认为，成功很难，即使有可能，但如果不善于思考，也难以取得成功。这也是我关

> 成功人士与非成功人士的思维有所不同。

于思考能力着墨如此之多的原因之一。思考能力是基础，实际上，翻开我的著作《换个思考，换种人生》（*Thinking for a Change*），里面有一些关于思考的观点，我很愿意与你分享。这些观点将有助于你理解，为什么我认为思考如此重要。

1. 万事始于一个想法。

生活在于一个人一整天的所思所想。

——拉尔夫·沃尔多·爱默生（Ralph Waldo Emerson）

2. 我们思考什么决定我们成为什么人，我们是什么人决定我们做什么事。

我一直认为，人的行为是思想的最佳诠释者。

——约翰·洛克（John Locke）

3. 我们的想法决定我们的命运，我们的命运将决定我们的遗产。

你的今天来自你过去的想法，而你的明天产生自你现在的想法。

——詹姆斯·艾伦（James Allen）

4. 身居高位之人与他人想法大不同。

没有什么能像狭隘的思考那样限制成功，也没有什么能像无边的想象那样扩展可能性。

——威廉·亚瑟·沃德（William Arthur Ward）

5. 我们可以改变我们的思考方式。

凡是真实的、可敬的、公义的、清洁的、可爱的、有美名的，若有什么德行，若有什么称赞，这些事你们都要思考。

——信徒保罗（Paul The Apostle）

如何提升你的思考能力

像其他精力充沛的人和大多数领导者一样，我对行动导向有一种自然偏见。当然，取得成功确实需要付出行动，但过于重视行动而不重视思考，往往有其局限性。很久之前我便发现，如想提升自己全面成功的能力，那就需要提升自己的思考能力。

接下来的内容，便是我在日常生活中提升思考能力的过程。如果你能够学习这个过程，它将使你的思考更加全面。随着思考能力的提升，好

> 如想提升自己全面成功的能力，那就需要提升自己的思考能力。

的想法也会喷涌而出。只有在好的想法上付出行动，你的生活才会越来越好。换言之，为伟大的想法付出坚定的行动才能创造好的生活。

1. 思考想法——重视你的思考

大多数人都没有意识到善于思考的重要性。想法人人都有，但很多人的想法仅仅是一闪而过，并不为此采取任何行动。但是，当你对好的想法开始重视，思考才会有价值。这便是提升思考能力的开端。

我重视思考，所以我经常给自己提问题，这有助于我发现和发展自己的想法，这些问题包括：

我能从哪里找到想法？

成为一名善于思考的人需要一套正确的思考模式。就算两个人看见同样的事物、经历同样的事情、进行同样的谈话，但是其中一个到最后可能会引出无限的想

> 如果两件事发生了——我增加了别人的价值，又发现了一个好点子——那就是美好的一天。

法，另一人却一无所获，毫无想法。想要提升思考能力，你要成为一名想法挖掘者。而我自己正是这样做的，我经常寻找一些想法，并对此进行深度挖掘。对我来说，如果两件事发生了——我增加了别人的价值，又发现了一个好点子——那就是美好的一天。

我应该如何运用想法？

很多人会萌发出想法，可能他们也意识到这个想法不错，却就此打住，不会坚持到底。这简直太遗憾了，因为一个好的想法就像人身上的肌肉一样，如果不持续锻炼便会消失。

我回忆起来，我曾经在圣地亚哥管理一个教堂，其间曾经受到过查尔斯·布莱尔（Charles Blair）的指导，那个时候他在科罗拉多州的丹佛（Denver）管理一个教堂。在我们的交谈中，查尔斯提到了第一印象的重要性。他说，我在建这所教堂时，一直都在想如何给人留下最好的第一印象。

我想：这是多么好的一个想法呀，可是该如何运用这个想法呢？这促使我思考，在我筹建教堂之时想让教堂留给人们怎样的印象，而这些

印象如今有多少还未实现。我想到了停车场，希望停车场的服务人员要热情，我告诉他们："你们给人们留下的第一印象便是教堂给人们的第一印象。"当你有一个好想法的时候，一定要问问自己，我该如何实施这个想法？

如何使想法最大化？

没有哪个想法在萌发时期就是完美无缺的。所有想法都可以进行不同程度的提升，并在实践的时候使其效果最大化。让我们回到我与查尔斯·布莱尔筹建教堂的那件事情上，我们通过对教堂很多方面的改善使我们的想法最大化实现。我们重新培训所有的迎宾人员，让他们能给访客留下完美的印象。环顾教堂的建筑，我会思考它们会给访客留下怎样的印象。我们也培训了在教堂工作的孩子们。我们使自己的想法最大化实现，为到访的人们在各个方面提供更好的展示，使其能够有一个美好的经历。

任何时候，一旦冒出一个能为他人带来价值的想法，你就应该记下来并多加思考，问问自己："我在什么地方可

> 没有哪个想法在萌发时期就是完美无缺的。

以使想法最大化实现？"如果这个想法有助于你所在组织更好运转，那就将想法运用其中。当然也要考虑，这个想法会不会在你的人生旅途中起到助推作用，是否能让你的长处更好地发挥，抑或是帮助你更好地成长。请注意，当你有了一个想法能够符合以上任何一点，那就准备进入第二步。

2. 写下你的想法——明确你的思想

大学校长、美国参议院议员 S. I. 早川（S. I. Hayakawa）相信："学习记录的过程就是学习思考的过程。只有书写才能让你明白自己的想法。"我对此非常赞同。书写使我们的思考更加全面，使我们的想法更加清晰，同时使我们的想法变得可见。

这个过程并不简单。诺贝尔奖获得者、小说家欧内斯特·海明威说过一句很有名的话："任何文章的第一稿总是无比糟糕。"连贯成文总是要经过若干次的尝试，至少在我开始写作生涯的时候，确实是如此。我在写第一本书《人生中不可不想的事》（*Think on These Things*）时，为了写出一篇满意的文章，我通常会写上十次。但是请相信我：将想法落实到纸上值得这些努力。

3. 找个地方保存想法——捕捉你的思想

你知道人们做过最浪费时间的事情是什么吗？那就是找丢失的东西。因此，你需要一个良好的系统来捕捉想法。这就是为什么，当我有想法一闪而过时，首要目标是不遗失这个想法。

正如我在之前文章中提到的，在我大部分的职业生涯中，我都像一个厚重的文件夹。很多年以来，我都会在文件包中放两本书：一本是我目前正在读的书，另一本是用来捕捉想法的笔记本。如今，我依然会随身携带一本书，但是我会用手机来记录我的想法。

我正在这样做着，我鼓励你也找个地方存放你的想法。我这样说是什么意思呢？你需要为自己的思考提供几个场所。年轻的时候，我喜欢坐在一块石头上思考。当我变老以后，我希望能有一个更加舒适的地方，因此我指定了办公室的一把椅子作为我思考的场所。其实场所选在哪里并不重要——只要你选定地方，肯花费时间，好想法自然迸发。

这让我想起一个故事，故事的主角是德尔科（Delco）的创始人查尔斯·凯特灵（Charles Kettering）。他曾经和朋友打赌一百美元，他会让朋友自愿买一只鸟。朋友觉得这个想法很荒谬，便欣然应战。

接下来的圣诞节，凯特灵送给朋友一个鸟笼子，这个笼子美丽精致，价格昂贵。他把这个鸟笼子送到朋友家，并放到了人来人往都能看到的大门口。

朋友明白凯特灵的策略，但他依然不打算买一只鸟放在笼子中。然而，每次有客人到访家中，他们都会赞叹笼子的漂亮，而且总会问：“笼子里的鸟去哪里了？”

最后，朋友实在受不了一次次的询问，索性投降买了一只鸟。这个故事的寓意何在呢？当你为某件事情准备一个特定的地方，不管这件事情是什么，你都会有意识地将这个地方填满。你会发现自己在做的事情正是为了填满这个地方。这个说法对思考同样适用。

4. 反思你的想法——评估你的思想

接下来是思考过程中最关键的一步，因为在这一步你要剔除不好的

---

① 德尔科公司是美国通用汽车公司旗下的子公司，是全球最大的零部件供应及采购商，提供一流的汽车配件系列产品，已有八十多年历史。

想法，让好的想法步入轨道，并加以改善，使其变为伟大的想法。你是否在半夜因为灵感乍现而醒来呢？这种事情总会发生在我的身上。在智能手机出现前，我习惯在床头放一个特殊的便笺本，这个本子之所以特殊，是因为里面配置着灯光和笔。当你将笔从笔帽里拔出来的时候，灯光便会自动出现照亮本子。我觉得这个设计特别棒，因为这样我既可以记录想法，又不会打扰玛格丽特。现在我会把这些想法都记录在手机中的软件中。

虽然对于半夜醒来记录想法，我有自己的一套方法，但依然存在一个问题，那便是，当第二天早上再看一遍我的记录，很多次都会发现，这些想法并不是很好。一到白天，我在深夜迸发的想法就经不住推敲。但其实无所谓，相比丢失一个好的想法，更糟糕的事情是捕捉到一个糟糕的想法，并努力使其实现。如果想法不够好，不要纠结，随它去吧。

很多时候，一个想法是好是坏，我的直觉都很准。好的想法会在出现二十四小时后依然在我脑中存在，不好的想法却早已荡然无存。如果你不确定如何评估一个想法，那就问问自己下面几个问题。这几个问题对我很有效。

- 这个想法是否还吸引我？
- 这个想法会不会吸引其他人？
- 我在什么地方、什么时候、如何实施这个想法？
- 通过传达或实施这个想法，我可以帮助哪些人？

如果对于这些问题，你不能得出积极正面的答案，恐怕这个想法不值得采取思考过程的下一步措施。

5. 用语言描述想法——表达你的思想

如果想发挥想法的最大功效，你不但需要把它想明白，更需要将它说出来。这两点都很重要，但至于先后顺序如何，则按你的偏好来定。就我自己来说，我喜欢先把事情想清楚。可能有些人会对此感到惊讶，因为人们认为我是一个很善于交流的人。但事实是，在我将想法展示出来前，我希望能把想法彻彻底底地想清楚。这种习惯使得我和玛格丽特在刚结婚的时候陷入麻烦。她希望我们在遇到困难的时候，一起讨论共同解决。我则倾向于自己解决问题，最后告诉她结果。为了保持和谐的关系，我不得不学会在我彻底想清楚前就表达自己的想法。

在我从事领导力行业的早期，我依然有保留想法的习惯，只有将所有问题都解决，我才会将我的想法公之于众。像很多其他年轻的领导者一样，我不喜欢在自己有解决方案之前，同大家讨论问题，因为我觉得这样会使自己在下属面前显得很愚蠢。但是我没有想到的一个问题是，如果我的解决方案不够好，我依然看起来很愚蠢。

直到现在，我依然在学习表达自己的想法。二十年来，在出书方面，我一直同查理·怀特兹进行合作。通常都是，我将一本书所有章节的梗概写出来给查理，他来做之后的文字润色、添加原创故事、将书拿给出版商与编辑沟通等事情。

查理和我很像，他也喜欢独自解决问题。在我们合作初期，他每次在写书的时候遇到问题，都会一个人花很长时间寻找解决方案。我曾经坚持过很多次，如果有问题他可以打电话给我，我们共同讨论解决，现在他终于这样做了。其实将想法表述出来，可以使我们对这些想法的思考更加清晰明了。

几年前，我发现了表达想法在另一个层面的价值。当时我正在筹划我的著作《选择你想要的生活》。写书的想法虽已经有两年之久，但因为一些事情，一直未能将想法落实，处处碰壁。那段时期，我很幸运能碰到劳拉·莫顿（Laura Morton），她是一名作家，同时也是一名电视制作人，曾经参与过很多名人书籍的制作。我花了几小时让她对我进行采访，她的问题慢慢地勾勒出一个个故事，让我能表达出自己的想法，这对我写书真的帮助很大。

如果你想让你的想法再上升一个档次，那就把它们表达出来。原因如下：

讨论可以表达你的内心

写出你的想法会给你的思想增加理智的分量，可以让你的想法更清晰明了。而讨论为你的想法带来情感的力量，让想法和你的内心相连接。

你是否曾注意过，你可以随意地想起之前的一段低落的时光，但当你试图用语言向他人讲述的时候，你会情感充溢，喉咙哽咽。这便是用语言表达想法时所产生的心电感应。

讨论可以扩展你的想法

很多时候，当你努力用语言阐述一个观点时，你会不自觉地拓展它。你会将这个观点表达得更加生动、更加清楚。这其中的原因，可能是你不得不去表达，也可能是当听众不懂你在说什么时给你的无声反馈，还可能是你得回答听众所提出的问题。而所有这一切都有助于锤炼你的观点，同时也有助于未来拓展你的思考能力。

不管你是天生的讲述者还是天生的思考者，按自己最习惯的方式行事就好。但是要确保既要有独自思考的时间，也要有同他人共同讨论的时候，这样才能最好地利用你的思考能力。

6.　将想法摆在桌面上——分享你的思想

就像我提到的，在我工作早期，我不喜欢同他人分享未成形的想法，因为我认为领导者的工作就是解决所有的问题。但是随着我领导的经验增多，我有了一个发现：仅仅靠我自己，我没有那么大能力思考出伟大的想法。我曾参加过我所在领域的思想交流会，这个观点得到了进一步印证。越是年龄大、经验丰富的领导越是开明，他们可以分享自己的观点和问题。当他们把自己的想法摆到桌面上时，其他人会帮助他们想出更好的主意。

这个过程可能对你来说平淡无奇，但对于我简直醍醐灌顶。从那个时候起，我开始和他人分享我的观点，寻求别人的帮助。这种做法改变了我的领导力，拓展了我的思考能力，达到的效果简直就是"1+1=3"。

之后，我经常将想法摆到桌面上分享给我的团队伙伴。比如，1997 年，当时我在筹划《领导力 21 法则》（*The 21 Irrefutable Laws of Leadership*）这本书，我将想法告诉给精英小组，里面所有的人都是很棒的思考者。对于书中领导人规律的构成，大家进行了详细的讨论。我们将规律列成一张清单，关于每一条规律的表述我都得到了大家的帮助和反馈。针对语言的表述和词语的选择，我们整整讨论了五个月的时间，随后我才开始动笔写作。没有他们的帮助，这本书不可能近乎完美，如此成功。

我鼓励你同他人分享你的想法，使所思所想上升一个层次。具体实施步骤如下：

● 将好想法摆到桌面上。这个想法不一定无懈可击，但一定要够好才可以。

● 同他人分享，提升观点。比起你在乎的名声，你需要的是更好的想法。

> 与一群善于思考的人一起，把好的想法摆在桌面上，他们总是会让你的想法变得更好。

● 邀请每个人参与其中。让人们知道他们也在被邀请讨论之列。

● 提问题。提问题是催化一个想法得到提升最有效的方式。

● 让最好的想法崭露头角。当最好的想法崭露头角之时，你也就取得了成功。

与一群善于思考的人一起，把好的想法摆在桌面上，他们总是会让你的想法变得更好。但一定要确认与你共同讨论的人必须善于思考。就像我的朋友琳达·卡普兰·泰勒（Linda Kaplan Thaler）说的那样，你要确定这个人可以识别伟大的想法。如此行事，才会为你带来更好的想法。

7. 实践想法——把你的思想牵出来遛遛

一旦将一个想法摆到桌面上，并经过一群善于思考的人改善，现在就是时候将这个想法展示出来，让更多人知道了。我觉得这就好比到公园里面去遛狗，人们会看到它，对它做出反应，并做出评论。

　　我经常在演讲中这样做。当我有一个想法的时候，我会把这个想法拿出来，放到人群中去实践。我之所以会这样做，是因为我想到了"从失败中前进"这个说法。人们对这个想法反应很积极，以至于这个想法后来演变成一本书。最近，我对一些观众说，"任何值得的事情都是在走上坡路"。在人群中，有听得见的反馈，我会感到自己又元气满满了。

　　你需要将想法呈现给陌生人或者不轻易相信你的人。如果唯一听过你想法的人是你妈妈，你要考虑一下这些想法是不是真的很好。只有把想法呈献给陌生人或是持怀疑论的人，你才能清楚地找准自己的位置。

　　几年前，我曾经在筹备一本书的时候提出一个观点，但是无论我如何尝试，如何将其放在情景当中解释给人们听，大家始终不懂我在说什么。当时这个概念叫作"转变"，但人们就是听不懂。老实说，我真的花费了很长时间给这个概念下定义。最后我将其改变为"有目的地生活"，用语言描述就是：有目的地采取行动为他人带来价值。这听起来就合理多了，人们也逐渐明白，如果为自己的想法付出行动，他们会取得成就。

　　想出一个想法永远比实践一个想法容易得多。在想法被挑战之前，一切看起来都无可挑剔。但一个未经挑战的观点经不起现实世界的检验，这就是你需要把观点亮出来，看看会发生什么的原因。

8. 质疑你的想法——扩展你的思想

　　我之前解释过，在扩展思想的过程中，要看一个想法是否在二十四小时后依然存在于脑海中，以此来评估这个想法的价值。在这个时候，再次质疑我们的思想就变得非常重要。

当实践了一个想法后，就需要问自己，"我从实践中学习到了什么"，并且判断这个想法是不是依然可行。我们不能盲目满足于自己的想法，而不去质疑。

几年前，我所在的一个组织和一家有名的杂志社进行合作，共同开发有助于人更加成功的数字资源。当我们产生这个想法的时候，双方都觉得这个想法价值百万。但事实上，事情远没有得到我们预期的吸引力和影响力。其中的原因，可能是前期我们没能对这个想法进行足够的质疑。但是，经过落实后得到的糟糕结果，使我们下定决心开始提问题了。我们先搞清楚为什么会漏掉这一环节，从错误中吸取教训，并在未来改变我们的行事方式。如果你问我的发现，那就是：前期提出的问题越多，后期需要解决的问题就越少。

为什么这如此重要呢？不仅仅因为这样可以避免未来遭遇失败，而且质疑的过程会扩展你的思想，提升你的能力，挖掘你的潜力。虽然现在我们知道了需要做的一些事情，也清楚了不该做的很多事情，但是我们最好还是要经历这个痛苦的过程。

> 前期提出的问题越多，后期需要解决的问题就越少。

9. 拥抱想法——拥有你自己的思想

一个人从相信一个想法到拥有一个想法，在这个过程中会发生一些强有力的事情。相信一个观点是很好的，但是有局限性。你相信一个观点的时候，就好像你用别人的钱进行投资，抱着试一试的想法希望成功。然而，当你拥有一个想法的时候，就是在用自己的钱进行投资，你会竭尽全力使其成功。你投入得越多，越希望想法可以奏效。

2015 年我的新书《选择你想要的生活》出版了，我当时希望这本书可以人手一本，因为我坚信这本书可以改变人们的生活，改变社会。为此，我和我的团队充满了创造力：我们雇请外面的营销公司，创立了"选择你想要的生活"计划去帮助别人，还免费赠送每人一本书，我们还投资了科技平台，分发出成千本的书籍。所有这些花费了我们大量的时间和金钱。

为什么我会如此执着地投入精力和金钱呢？因为这个想法属于我，我希望可以竭尽全力传达这个信息——意向明确的行为加上渴望增加他人的价值，会产生一定的影响，让生活更有意义。我的灵魂深处对此深信不疑。

正因为我对"意向明确的生活"这一主题思想深信不疑，直到如今我依然花费时间和金钱同其他人分享。2016年，在我所在组织的帮助下，我们在巴拉圭对1.8万人进行了圆桌培训（小型讨论小组），主要涉及社区价值和有目的的生活。为了完成这个目标，两百名约翰·C. 马克斯维尔团队认证的教练同我一起自费深入到巴拉圭，我们自愿担任培训师，帮助巴拉圭商界、政府组织、教育机构和亚松森周边的社区。

就在我写这本书的时候，已经有超过七万人在巴拉圭接受圆桌训练来了解"有目的生活"，而且这个数字依然在增长。在未来几年，我希望能在其他国家也做出同样的努力。但是，如果没有我的组织，我的教练和我如此热爱这个观点并拥有这个观点，这一切都不会发生。

10. 发起你的想法——实施你的思想

当你发起一个想法的时候，你需要明白你想让人们知道什么，做什么。当我向教练组描述我们要在巴拉圭所做的事情

> **发起想法是检验任何想法的试金石。**

时，我在描述中把如何发起这个想法也算在了里面。这样，人们才会知道自己应该做什么，最后他们真的去做了。

发起想法是检验任何想法的试金石。实施想法才会证明这个想法的真正价值，当然也可能发现这个想法一文不值。但是当想法实现后，所产生的效果是强大的，因为人人都能够看到。这一点在巴拉圭得到了证实。人们会切切实实地看到并了解，因为教练付出的努力会呈现在报纸和杂志上。全国所有的人，上至总统内阁、国会议员，下至街头餐馆都会对此津津乐道，同时还会吸引到邻国人们的注意力。

11. 让想法落地——让你的思想运转起来

提出一个想法是有可能得到回报的，至于结果如何只有落地实施后才知道。这很类似体操比赛的打分模式。由于我有两个孙女都在练体操，过去几年中，我看了不少的体操比赛。其中史蒂夫（Steve）和伊莱（Elie）的小女儿艾拉（Ella）很有体操天赋，在比赛中排名很高。在一次比赛中，优秀体操运动员的空翻和旋转经常会引起观众的欢呼叫好。但实际上，

除非他们落地很稳，否则华丽的空中翻腾和旋转并不能给他们带来高分。

　　落地永远是最重要的。不久之前，一个军队小组邀请我同他们一起跳伞。不得不说，我对他们的提议很感兴趣，我觉得这会是件很刺激的事情。然而，比起跳下去，我更担心我是否能安全落地。虽然我很清楚，他们会保证我的安全。但是我的膝盖不是很好，我不确定自己是否经得住落地时的冲击力，因此我还是放弃了。

　　当你在阅读这段文字时，我们想知道是否我们预计在巴拉圭付出的所有努力都已得到实现。我们还想知道，我们是否能够改变社会，并帮助这个国家变得更好。我真的希望我们为他们带去了价值，也希望他们可以继续帮助其他人。

12.　升级你的想法——让你的思想变得成熟

　　当一个想法落地实施并取得一定的积极效应时，人们很容易因此庆祝并继续前行。我完全赞同庆祝，毕竟成功来之不易。当我们取得成功时，我们应该感谢那些促成成功并帮助过我们的人，他们应该得到应有的赞扬。但是如果我们就此停止，不再对我们的想法做进一步的优化，我们将错失良机。

　　成长需要你的想法不断地优化。我总是试着让自己变得更好。当然，变得越好，需要付出的也就越多。我希望我教授的内容可以一天比一天好。

　　像我之前提到的，在南美和中美的一些地区，那里的人们还在关注着巴拉圭发生的变化。他们给我发出邀请，希望我能去到那里训练人们提升价值，学会有目的地生活。我很愿意接受其中的邀请。希望当有朝一日我去到那里的时候，我的想法比在巴拉圭的时候更优化，那里的人们也会取得更大的进步。

如果你希望挖掘你的潜能，最大化你的能力，并且变得成功，那就提升思考能力吧。比起聪明的智商和工作努力，高效的思考能力和可持续思考能力会为你带来更高的回报。一般思考者和优秀思考者之间的区别，就犹如冰块和冰山的区别。冰块个头小，存在时间短；而冰山巨大，永远呈现在人们面前，它的能量是巨大的。

关于思考能力的问题

1. 你有捕捉自己想法的一套系统吗？如果有，这个系统效果如何？如果没有，你能做些什么记录下你的想法，而不至于失去它们呢？

2. 当你把想法摆到桌面上，谁是能帮你提升想法的那个人？怎样才能让他们给予你更多的帮助呢？

3. 你更偏向于行动还是思想呢？如果你两者都具备，又会发生什么呢？

6

人际能力——建立人际关系的能力

1987 年，我已步入不惑之年，当时觉得自己已过了半辈子，于是决定盘点一下自己的人生。不得不承认，我对自己所发现的并不满意。因为尽管我设定了事情的优先等级，也努力工作，并且一直专注于取得的成果，可是并没有产生我所希望的结果。我得出了什么结论？我过多地关注自己以及发掘自己的潜力，却疏于和他人联系与合作。

这个经历帮我意识到，结果的实现并不仅仅在于我自己做到最好，还在于处理好与他人的关系，如何与他人共事，以及如何实现我们自身不同方面潜力的互补与促进。

十年后，对这段经历的记忆促使我在《领导力21法则》中写到核心集团法（Law of the Inner Circle），即"领导人的潜能由与他走得最近的那些人决定"。

在过去的三十年中，我把与重要人物的人际关系摆在我优先列表的第一位。这样做把我关注的焦点从"我"变成了"我们"。结果是什么呢？我建立了美好的、富有成效且长远的人际关系，这大大改善了我的生活，还提高了我建立人际关系的能力。

感恩我生命中的那些人

2015 年，我人生中的那些人际关系的重要性才凸显出来。当时我的两位文学代理人耶茨公司（Yates and Yates）的西利（Sealy）和马特（Matt）带我去拉斯维加斯参加一个特别的聚餐，庆祝我们维持了二十五年之久的一段令人难以置信的工作关系。

当聊到我们彼此间的故事和这些年里发生的趣事时，我们开怀大笑。当分享我们的关系如何对我们所有人的生活产生积极影响时，我们都哭了。我们表达了对彼此的爱，许下诺言要让接下来的二十五年比之前的二十五年更好。我们敬酒干杯，互赠礼物，热情相拥，并表达这样的人际关系对我们的生活和协同工作有多么重要的意义。

那天晚上，我的心是满满的。回首生命中许多重要的人际关系，我想到了玛格丽特，我们结婚已有四十八年；我想到了琳达·艾格斯，我的助理，她为我尽职尽责地服务了三十年；我想到了查理·怀特兹，我写作上的同伴，在过去的二十三年里他帮我完成了九十多本书的写作；我想到了戴维·霍伊特（David Hoyt），我的演讲经纪人，他大学一毕业就跟着我，已经和我一起工作了十九年；我想到了马克·科尔，我所有公司的CEO，十七年前他从仓库工作开始做起，现在已经成为不可替代的人物。

正因为这些人，我才能享受到生活中如此多的美好。想想这些，我便想到了我商业生涯中最重要的决定，就是与能帮助我有所作为的人们培养长期、良好的人际关系。人际能力对个人成长和职业成功来说都至关重要。

如何提高人际能力

2004 年，我写了一本书《共赢》，因为我确信，人们是成功还是失败，往往都可以追溯到他们在生活中的人际关系。我们是由我们身处其中的关系定义的。也许到目前为止，你的人际关系并非你想要的那般积极、有益、富有成效。那也没关系，因为你可以学习如何建立更好的关系，并学着提高自己的人际能力。我花时间思考过自己所做的一些事情，这些事情让我得以和他人建立起长期的关系并且享受这种关系。以下这七个步骤有助于你建立更牢固的人际关系。

> 人们是成功还是失败，往往都可以追溯到他们在生活中的人际关系。

1. 每天都重视别人

我热衷于增加人们的价值，因为我是真的重视别人。重视别人是我父亲梅尔文（Melvin）播撒在我生命里的一颗种子。大学毕业的时候我曾让他给我提一些建议，因为我就要开始自己的职业生涯了。他说："约翰，每天你都要有意地重视别人，信任别人，并且无条件地爱他们。"这些话一直像北极星一样指引了我五十多年。

除非你重视别人，并关心他们，否则你无法提升你的人际能力。如果你不爱别人，不尊敬别人，也不相信他们有价值，那么这就会成为你和他人成功交往的障碍。你不可能在偷偷鄙视别人的同时又能让他们振作起来。然而，如果你重视别人，这会充分地表现出来，这也会让你有可能发展出积极的人际关系。

2. 让自己在人际关系中更有价值

让一段关系变得更好的最快方法是什么？是让你自己变得更好，可以贡献得更多。这就要求有一种"富足心态"（an abundance mindset），即相信世间有足够的东西供每个人追求，并且相信人们总有潜力发现并创造更多的东西。因为我相信这一点，我知道我付出得越多，后面需要我付出的也越多。我开始采取几年前从金克拉那里听到的那种态度。他说："如果你帮别人得到他们想要的，他们也会帮你获得你生命中所需的一切。"

带着奉献他人的目的尝试着去提高自己，改善自己所处的处境，然后拭目以待会发生什么。随着你的奉献，我敢保证你的能力也会提高，将有能力奉献出更多。这些将驱使你从思想、时间、资产、关系、影响力和天分方面做出奉献。

出于这种"富足心态"，我每天都努力赋予他人价值。而且我会提很多问题去探索如何更好地赋予他人价值。这也是我如此热衷于得到反馈信息的原因。要展现出你重视别人，没有比询问别人的意见更好的办法了。我经常这样做，因为我很在意人们怎样想，还因为知道什么对他们最重要有助于我更好地帮助他们。比如，每一次演讲之前我总是问主持人我能说些什么或者做些什么以帮到他们，或者让他们的组织更有价值。交流的意义在于赋予听众价值而不是提高自己的价值。

你越了解他人，越提高自己，就越能够对他人的人生产生影响。去年我和西利以及马特一起庆祝的时候，他们非常感激我的一件事就是我让他们结识了其他作者。我的一位密友克里斯·霍奇斯（Chris Hodges），是苏格兰教堂的牧师，不久前我们一起打高尔夫球，我问他那段时间最热衷于什么。当谈到他创办的一所学院时，他满面春风。"我所有的心血都在这上头，我们正在培训孩子们如何成为领导者，并对这个世界产生影响。"

我喜欢克里斯。他一直都是一个很棒的朋友，让我和我创办的非营利组织 EQUIP 更有存在价值。我也尽我所能

> 要展现出你重视别人，没有比询问别人的意见更好的办法了。

让他更有价值，所以我主动提出给他一天时间，这一天我会在伯明翰做演讲，为的是让他为他办的那个学院筹到款并提高他们社区的地位。这就是我们所做的事情。经过计划和许多准备工作，我代表克里斯讲话，使他得以为学院筹到七十万美元。为我喜欢的人做有价值的事情，真的很有意义。

很久以前，一个朋友告诉我："约翰，你要提高你自己，你还没有好到足以保持原状。"他说得没错，我想改善，想变得更好，我仍然在这样做。这也应该成为你的目标。变得更好，使自己能够帮周围的人也越变越好。无论何时，只要让自己更有价值，你就能够带给他人更多价值，并

> 很久以前，一个朋友告诉我："约翰，你要提高你自己，你还没有好到足以保持原状。"

且提高自己的人际关系能力。

3. 让自己置身于别人的世界

　　几年前，我出差去一个大会做演讲，偶然看到了作家兼教授利奥·巴斯卡利亚的一句话："我们往往低估了一些东西的力量，比如一个抚慰、一个微笑、一句良言、一个愿意倾听的耳朵、一句真诚的赞美或者一个小小的关怀的举动，所有这些都有可能改变一个人的人生。"那天之后，我登上台面向大量观众做演讲，并且举行了一场很成功的交流会。我走下台，观众长时间起立鼓掌。当时我自我感觉非常好，但是随后巴斯卡利亚的话浮现在我的脑海里，使我意识到我一直想的都只有自己，我的焦点完全放错了。

　　当我演讲的时候，我邀请别人走进了我的世界。恰恰相反，我认识到我应该走向他们，将自己置身于他们的世界。就是在那一天，我要按照安排给观众的书上签名，我觉得这正好给了我一个一直寻找的机会。我可以让观众成为这次会面的焦点，所以我签书的时候，不是花两小时写他们的名字将他们拟人化，微笑着和他们握手，或是跟他们交谈并感谢他们的到来。相反，我注视着每一个人的脸庞，尽自己最大努力让他们感到自己受到了重视，感觉到自己很重要。

　　那天晚上，当我回顾这一天的时候我很想知道，如果我有机会问那些观众，白天的整个过程中他们最喜欢哪个时段，他们将会怎么回答。我确定他们肯定会选我签书的时候，因为那时我尊重他们作为独立个体的价值。这就是我总把签书作为我每次演讲最重要环节的原因之一。我理解利奥·巴斯卡利亚的话里蕴含的真理："我们往往忽视了一个抚慰的力量。"

这也是为什么每次我做演讲之前，只要有可能，我都要尽力四处走动，和人们交流。当我出国讲学时，主持人通常会努力把我和人群隔离开。但我总是想走进他们的世界，和他们握手，如果我能的话。我把从观众中慢慢走过作为我的目标。当我先走向他们的时候，人们总是更容易接受我所传达的信息。

你熟悉 "高处不胜寒"（It's lonely at the top）这句话吗？我不喜欢居于高处，那是分离的标志。我告诉领导，如果他们居于高位感到孤单，那说明没有人跟随他们。他们需要从高处走下来，或者从象牙塔中走出来，走到他们的子民身边去，和他们共度时光。别人不关心你知道多少，直到他们知道你关心多少。

让你生活中的人能够接触到你。另外，在别人需要的时候，注意你接近他们的方式。有时候你甚至不需要说一句话，只需要在那里便好。让别人知道他们的存在对你有意义。两三年以前，我的一个朋友，叫克里斯汀（Kristen），突然失去了她的儿子。可想而知，这对她是毁灭性的打击。这件事就发生在我们一群人为了一件事情聚会的时候。马克·科尔和另外一个叫戴安娜（Dianna）的朋友，还有我，来到克里斯汀住的酒店房间。我能做的就是伸出胳膊拥抱着她。她需要一个朋友的抚慰。很长一段时间，我们没有对她说一句话，我们只是想陪着她，让她知道我们关心她。这种事是我们任何一个人都可以对朋友做的。

4. 将人际关系聚焦于利他而不是利己

当我写这本书的时候，我正在筹备我的七十岁生日。我想和我生命中所有特别的人做一些特别的事情，所以我就问他们想陪我做什么来庆祝我的生日。他们着手挑选月份和活动，然后我们将一起完成。这是一个里程碑式的生日，我想让这一年的每个月都充满有趣的事情，充满我的朋友们喜欢的事情。我六十岁那一年也做了同样的事情。差不多十年以后，我的朋友们仍然在谈论，在他们那一月里我们一起做的那些事情。

为了建立起良好的关系，你需要更多地考虑如何给予别人，而不是如何从别人那里索取。那些多为别人考虑并且付出多于索取的人就像加号，那些索取多于付出的人就像减号。这是一个简单的关系算术。与人交往的时候，我决定做一个加号。跟那些和我最亲近的人交往我想做一个升级版的加号。我的愿望是，为每一个"关系提款"建立五个相应的关系"存款"账户，来对应我的每一次人际关系支出。虽然我从来没有成功过，但那是我的目标。

在过去的十二年中，作为一个教学牧师，在佛罗里达州西棕榈滩（West Palm Beach）的基督团契（Christ Fellowship）服务就是我的乐趣。创始人汤姆·马林斯（Tom Mullins）牧师和他的儿子托德（Todd）都是我很好的朋友，托德现在是主任牧师（lead pastor）。我们曾一起环游世界，分享奇妙的经历，并留下了许多回忆。节假日和休息日（off Sundays）我讲道帮助他们。他们也给予我优待，让我加入他们的团队，一年可以做好几次布道。然而，我从来没有把他们给我的特权当成理所当然，我也从来不会利用他们。其实，我觉得只有在我能够继续为教会带来价值，并且让他们也越来越有价值的情况下，我才应该继续留在团队。所以每年我都会和汤姆，还有托德坐下来交谈，要求辞去我教学牧师之职。我要让他们明白，我们关系好并不足以成为我继续留在他们团队的理由。实际上，我经常跟他们说，或许是时候为团队雇用一个更年轻、更对口的牧师了。

到目前为止，他们每年还会请我留在团队里，不过他们也知道，来年我们还会见面并且一起讨论局势。最近，暂时未定哪天，他们会接受我的辞职。因为这对他们有好处，如果还有什么的话，那就是，这样也有利于加强我们之间的关系。

我从不会把任何关系当作理所应当。我也从不设想我的关系能给我带来本不属于我的特权。"设想"是一切关系的杀手，应该取而代之的是"意识"。如果你想提高自己的人际关系能力，你就应该时刻意识到，任何关系都不会永远保持不变，也不会自动保鲜，它们需要经营。所以你必须不断有意地让自己更有价值，以继续做他人生命中的加号。

5. 在人际关系中做始终如一的朋友

我认为，如今人们经常小看一个人做好朋友的能力。埃里克·格雷坦斯在他的著作——《适应能力》中，回忆了希腊哲学家亚里士多德的话，来说明做一个好朋友意味着什么。埃里克·格雷坦斯写道：

亚里士多德指出，和你感情深厚的朋友，有时他也称之为"完美朋友"，可以是令你愉悦且有用的朋友，他们不用时刻费力去维护，反之你也一样。你不用担心你的真朋友会变得兴趣淡漠，和最亲近的朋友在一起，仅仅陪伴就足够了。

亚里士多德认为这样的友谊是友谊的终结。我们不是因为友谊能让我们过上优质的生活才去追求友谊，而是因为好的友谊本来就是优质生活的一部分。其实，亚里士多德的意思是，没有这种真正的友谊，我们就不能过上最好的生活，也不能成为最好的自己，我也相信这个观点。最好的朋友支持我们，挑战我们，激励我们。同样我们也可以为他们做这些事情。

埃里克·格雷坦斯所描述的这种关系其关键因素是什么？这种关系得以建立的基础是始终如一的一致性。反复无常、起起落落的人际关系很让人费力，使人从中不得轻松。没有比一直处在高度稳定的关系中更让人愉快的事情了。如果和人交往时，你得慎之又慎、战战兢兢，或者随便一个什么谈话随时有可能导致一段关系结束，那么这样双方就不可能成为好朋友。

要想成为亚里士多德描述的那种朋友，我们必须可靠且始终如一；我们必须值得信任，让我们的朋友知道他们可以依靠我们。

每年，当我作为约翰·C. 马克斯维尔团队的演说人或教练，为前来参加集会的人做演讲的时候，我经常对他们说："你们好，我的朋友。"我想让他们从一开始就感受到我的友谊，想让他们知道我是他们可以依靠的人。

我非常努力地成为始终如一且可靠的人，让那些依赖我的人可以依靠。另外，我想分享几条小秘诀，这些秘诀在过去的几年让我受益匪浅。

我相信别人最好的一面

有一句话被认为是出自诗人鲁德亚德·吉卜林（Rudyard Kipling）："我总是倾向于相信他人最好的一面——这为我省去了很多麻烦。"他说得没错。我尽力将他人看作他们能够成为的样子，而不是他们现在所处的状态。当你充分信任别人时，你就不会觉得需要去纠正他们、改造他们。当我看到有人尝试着修正别人的时候，我往往报以微笑。我在想，难道他没有意识到自己也不完美吗？我的时间只够用来修正我自己——这真的不是一份兼兼职就能完成的工作。

正确的做法是，充分相信别人可以做到最好，哪怕这样做并不总是对的。我对别人的高度信任有时候可能发现差得很远，但是对别人缺乏信任既于他们没有好处，也不利于我们关系的发展。一个人在别人相信他而不是不信他的时候往往更容易改变。

> 我总是倾向于相信他人最好的一面——这为我省去了很多麻烦。
>
> ——鲁德亚德·吉卜林

我不会让别人的行为控制我

人往往会让他人的行动影响到自己的态度和情感，会因别人出尔反尔而自己也变得反复无常。但是，你需要认识到，如果出现这种情况，那是你允许它出现的。作为人类，我们有能力控制自己的态度和情感。

让我给你分享一些我的事情，这些事情让我没有受难相处之人的行为影响。凡是我遇到的人我都将其与两个数字联系起来。第一个数字是我对他们的"信任数字"。这个意思是说，在每个人的头上都贴上一个"10"。我将每个人都看作一个潜在的"10"（处在一个从 1 到 10 的天平上）。我选择这样做是因为我想很好地对待每一个人。我也明白大多数人都能够达到我们对他们的期待水平，所以我将每个人都看作一个"10"，就为他们进步提升留出了空间。

第二个我与别人联系起来的数字基于我的个人体验以及与他们交往的情况，我把这个叫作我与他们的"体验数字"。我选择提前将"信任数字"设为"10"，"体验数字"却要从他们的行为中获得。在与我交往的过程中，如果一个人待人友善、信守承诺、能给他人带来价值并且自身能力强，那么他所得的分数就高；相反，如果这个人以自我为中心，办事一塌糊涂，待人不逊并且消极颓废，那么他所得的分数就低。随着我与一个人交往的增多，他所得的分数也在不断地发生变化。依我的体验，如果与一个人的交往是负面的，并且他的得分又低，那么我就会选择逐渐减少与其交往。这就是我不会让别人控制我的方法。

即使在困难的情况下，也高度重视人际关系

与人交往有时候并非易事。作为领导，有时我不得不解雇一个人。遣走一个人对组织来说可能是正确的，但我们在做这件正确的事时，仍然应该确保以对待亲属般的方式去做。我总是会要求进行离职座谈，了解我们所处的困境，也让即将离开的人明白我愿意一直做他的朋友。如果可能的话，我会争取继续我们的关系。有时候对方不一定想这样，那也没有关系，毕竟我不能决定他们将会怎么做。我只能决定我自己将会怎么做，而我要做的就是，继续做他们的朋友。

我无条件地爱别人

无条件的爱是我们能给别人最好的礼物。无条件的爱能给人安全感，让人可以表现出自己的脆弱，感觉到自己的价值，并且发现真正的自己。我是怎么知道这个的呢？因为我的母亲无条件地爱我，这就是她的爱教会我的东西。这也正是我想为其他人做的事情。

我曾听乔治·华盛顿总统对他的女儿说："我爱你，并且不论你做什么都不能阻止我爱你，所以别尝试着那样做了。"我笑了，随后通过沉思我知道了无条件的爱是可以考验的，而它总是经得住考验。

我相信所有人都渴望有一个忠贞不渝的朋友爱他们，信任他们，不论发生什么情况都不会离开他们。如果你愿意成为这样的人，那么这不但可以拓展你的人际能力，而且能让你的人生更加美满。

或许你会想，我不可能对每个人都那样，因为有些人真的很难相处。没错，对我们所有人来说都是这样的 。黛比·埃利斯（Debbie Ellis）在她的著作《怎样拥抱一只豪猪》中将这种人称为"豪猪"。我在做牧师的时候把这样的人叫作 EGR——要求额外慈悲（extra grace required）的人。不过我们都可以时不时地使用额外慈悲。或许面临最大挑战的人就是那些家里有难相处之人的人。一个朋友曾告诉我："我的家就像一个马戏团，每天都有一个不同的小丑。"家庭生活是学习怎样与难相处之人打交道的着地点。

漫画家迈克尔·莱尼格（Micheal Leunig）的建议是什么呢？"相互关爱，你将会感到幸福，这说简单也简单，说难也很难。"这确实既简单又难。最终，我们的目标是，对待别人要比别人对待我们更好，以超出他们预期的方式重视他们。纳尔逊·曼德拉，这位南非前总统就是人际能力强的极好例证。白求恩（Bethune）这样评价他："他伟大到他的敌人不配拥有这样的敌人；他伟大到让那些拖拉懒散的西方国家领导人前赴后继地颂扬他；他比他的家人伟大，他们为了他的遗产争论不休。他写道：'每个人的内心深处都有仁慈和宽容。'"这种品质在我自己身上并不能每天看到，但我在努力培养。

6. 为别人创造美好的回忆

我观察到，大部分人都不重视他们的人生经历。要重视人生经历，有两件事情非常关键：经历之前的目的性和经历之后的反思。所以任何时候，你都可以帮助别人去做这些事情，这对他们来说是特别的，而且常常能产生美好的回忆。

当我写这些的时候，我正在和玛格丽特，还有我们的孩子以及孙子在滑雪度假。我从酒店房间欣赏美景的时候，他们在滑雪。这是我们第二次来这个滑雪胜地。昨天晚饭间我问了两个问题。第一个问题是为了引起反思："从去年开始你最美好的记忆是什么？"每个家庭成员的分享，对这个问题的答案带来了温暖、欢笑和亲近。我设计第二个问题是为了激发目的性："如果要你做一件你去年没有做的事情，你打算做什么？"同样，大家对这个问题的反应也很火热，而且各种各样。我们倾听彼此描述自己体验、尝试和学习新事物的过程。听到大家都想着如何跨出自己的舒适区真的是一件令人高兴的事情。

晚饭结束后大家都很开心，我敢保证他们一定不会忘了这一餐。为什么呢？因为问这些问题，借助计划和反思，我为家人们创造了一段记忆。而且我努力为更多的人制造记忆，不单单限于我的家人。

最近，我在书上读到一个人为他的妻子一直坚持着"感恩旅行"。多好的主意呀！所以从那天起，我也为玛格丽特坚持"感恩旅行"。我留意着妻子做的每一件触动我心的事情。我还会记录她身上吸引我的特质、性情和品质，每天偷偷地写下来。到年底的时候，这些东西会使整个旅行更丰富。

感恩节来临之际，我想给她惊喜，说要为她举行感恩旅行，这把她感动哭了。她告诉我这是她收到过的最好的礼物。有意思的是，这整个过程对我的影响比对她的影响更大。搞这个旅行促使我不断去发现妻子身上美好的东西，这让我的注意力从那些消极的东西上移开了。这对我们两个来说都是很好的结果。

这一点一直都是我人生的普遍主题。我有意地为他人创造记忆，这给我带来的好处比给那些我为他们创造记忆的人带来的好处更多。每次我跟别人在一起的时候，我都会问我自己："说些什么或者做些什么能让这一次相处成为别人难以忘怀的经历？"也许答案很简单，"你跟我说的这个我会记得"或者"我永远不会忘记我们一起做过的事情"。当说这些话的时候我的目的何在？是在告诉别人他们所说的话以及所做的事都值得我记住，是在向他们展示我有多重视他们。

去年，我受邀去高尔夫球手杰克·尼克劳斯（Jack Nicklaus）家里做客，还有他的妻子巴巴拉（Barbara），我们一起庆祝新年。在我们这一群人中我是新人，因为随后我了解到，我们这群朋友新年夜在尼克劳斯家聚会这个习惯已经保持三十年了。快到午夜了，我发现大家都聚集到露台上去了，所以我也跟着他们走了出去。后来当时钟敲响十二点的时候，我们看到尼克劳斯和巴巴拉敲响了露台上的一个铃铛。接着我们每个人依次敲响了铃铛，来迎接纽约的新年，然后还得到了尼克劳斯和巴巴拉的拥抱，他俩挨着站在一起。

让我惊奇的是，敲响铃铛然后从尼克劳斯夫妇那里得到拥抱，这个传统持续了三十年，这段记忆是多么难忘，他们每年都要回顾。尼克劳斯和巴巴拉让新年夜对朋友们来说有了特别的意义。

对于特殊的日子，我们大多数人都有传统或者回忆。而我想挑战你的是，让你从日常生活的经历中制造难忘的记忆。应该怎样做呢？每次与别人在一起的时候问自己以下问题：

- 我说什么可以肯定和我在一起的人？
- 我提什么问题会让他们觉得有兴趣讨论？
- 我们做什么事情显得与众不同并且好玩？
- 我知道什么他们也想知道的事情？
- 我有没有个人秘密可以告诉他们？

所有这些都有助于形成美好的回忆，而且我告诉你，最后一条关于个人秘密的真的很有用。跟别人分享一些私人的东西是一种愿意让别人进入你的圈子的行为。这样做让别人走进了你的生活，也让他们觉得你看重他们。试着这样做吧。比如："我能跟你分享一件我从来没有跟别人说过的事情吗？"嘭！你已经抓住了他们的注意力。这个秘密不一定得是什么大秘密，但是它一定得是你有权透露的事情。对和你在一起的人来说，你这么做的吸引力在于你首先告诉的是他们。

许多小事有意重复地去做所产生的效果要比偶然做一些大事还好。你既可以把重大时刻也可以把平常时刻变成对他人有特殊意义的时刻，但前提是你必须对此有心。

7. 主动走向你渴望的人际关系

要提升你的人际能力，我建议你的最后一个方法是，摆好你自己的位置,去见合适的人,并花时间和他们相处。借助接近原则^①的力量,即"接近可以带你进入更高水平的十个人"。

二十四岁的时候,我开始这样做。作为一个年轻的牧师,我想要创办一个成功的教堂。正如我前面提到

> 借助接近原则的力量,即"接近可以带你进入更高水平的十个人"。

的,对我影响最大的书之一是埃尔默·汤斯的《十大主日学校及其发展壮大的原因》。一读这本书我就知道,我想要去见他书里写到的这十个最大教堂的领导。但是我应该怎么做呢?我需要去找汤斯教授,因为我觉得这本书是他写的,所以他一定认识这些领导。

这需要调查探索,而我得到了汤斯教授的演讲日程表,所以我决定去艾奥瓦州的滑铁卢参加大集会,他在大会上要做演讲。在大会上我见到了他,并且向他表达了我想和那十个领导人取得联系的愿望。在他的帮助下,我和其中的两个领导有为预约,他们又帮我约到了另外的八位领导。和这些人的会面帮我成为一位年轻的领导,并踏上了成功之路。

从那以后,我一直利用接近原则。我总是想和那些知道得比我多的人交往,而且每当我和我敬仰并且想要见的人在一起的时候,我就会问他:"您觉得还有谁是我应该要认识的?"这个问题给我的回报比生活中其他任何一个问题带给我的回报都大。想知道你应该认识谁的最好方法就是问了解你的人。

---

① 接近原则(Proximity Principle),是格式塔心理学提出的知觉组织原则之一。所谓接近原则,是指接近或邻近的物体会被认为是一个整体。

　　我想鼓励你对生活中那些你渴望的关系有目的性，并且要表现出主动性，主动走近他们。如果你等着正确的人来认识你，那你就不会遇到正确的人。我只有行动了才会期待繁星满天，你也应该这样，选一颗"星星"，向他走去。

　　你应该和什么样的人联系？我给你提一些建议，这些建议是一天晚上我和玛格丽特，还有我的朋友保罗·桑德斯（Paul Saunders）和维基·桑德斯（Vicky Saunders）吃饭时学到的。那天晚上，我们在讨论这样一个问题："你曾经收到过的最好的建议是什么？"在谈话中保罗说："我总是向比我大十岁的人征求建议。我问的问题是'你从自己身上以及生活中学到的什么你觉得是我也应该学习的'。"这激起了我的好奇心，于是我让他解释。他后来所分享的东西真的很有建设性。

　　他解释说，他把目标放在那些能力超出他很多，可在年龄上又和他相差不大的人身上，这些人有他所没有的知识和经验，并且由于他们年龄差距没那么大，所以对这些人来说重要的事情对他来说同样也重要。"如果年龄差距超过了十岁，"他说，"他们就忘了我需要学习什么，或者认为那个不重要。我想要他们离我近一点，以便知道我现在处于人生的什么阶段。而那些大我很多的人所经历的事情如果我一样要去经历，那么也在未来五年以后了。"当你想寻找别人帮你学习和成长的时候，你可以把这些作为你的经验法则。

　　在你的人生中，为什么你主动去接近那些你所渴望的关系很重要？因为你需要"人气"去实现你的人际能力。这个概念是我从吉姆·柯林斯那里学来的，他是《从优秀到卓越》（*Good to Great*）一书的作者。他跟我分享说，我们一生中所能拥有的运气中"人气"是最重要的。他解释说："你一生中遇到并且与其建立关系的那些人决定着你一生的成败。"

我知道我已经证实了这是真的。如果没有哈维（Harvey），我永远也不可能认识卢（Lou）。如果不是斯科特（Scott），我也不可能和保罗合作。如果没有乔伊（Joy），我就享受不到和泰特（Pat）创造性的谈话。要不是戴夫（Dave），我对琳达连听都没有听说过，更别提与她一起创作了。如果没有丹（Dan），我也不可能和凯文（Kevin）取得联系并且合作。

你认识的人里面，谁认识你还应该认识的人？没有你人生所需的"人气"，你就只是一个人。不要这样说："我不可能成功，因为我遇不到正确的人。"而要这样说："成功在我可以控制的范围之内，我要去找那些可以帮助我成功的人。"

人际能力真的会对一个人产生很大的影响。当你意识到自己有多需要生命中正确的人的时候，你的人际能力就向前迈出了一大步。慈善大家安德鲁·卡耐基（Andrew Carnegie）曾说："当你意识到别人的帮助可以让你比单打独斗做得更好时，你的发展将会前进一大步。"当你愿意说"我需要你"时，你就得到了这些人的帮助。以前我喜欢说"我想要你帮我"而不是"我需要你"，因为我依然相信如果到了万不得已的时候，我可以独自做成一件事情。但是后来我发现，我并不能独自取得成功，我确实需要别人的帮助。随后我就愿意说，"我需要你"。而且我发现他人也很乐意帮助那些没有他们的帮助就成功不了的人。

我知道，这对有些人来说是个挑战。或许你生来就不是一个善于和人打交道的人。或许你会这样想，"我是一个不善交际的人"。如果真是这样，那么就说明这一类能力并不是与生俱来的。你依然可以变得更好，不断提高自己的能力。最有效的方法之一就是向那些人际关系能力强的人请教，寻求他们的帮助。让他们弥补你的不足，帮你完善自己。记住，"跟别人说'我需要你'可以把他们吸引到你的身旁"。

我的儿子乔尔（Joel）很聪明，不是聪明，是很聪明。问他什么他都能给你说出个答案，而且他在技术方面有很高的天分。他已经成了一位年轻的成功商人，而且我很为他感到骄傲。但是他并不是一个天生就善于交际的人。他很努力地去改善这一方面的能力，而且更加努力地把那些能弥补他不足、让他更加完善的人团聚在他身边。你也可以这样做。

你越看重他人，让自己走进他们的世界，争取让他们变得有价值，做他们的朋友，你的人生就会越美满。不仅如此，这样做还能够提高你的人际交往能力，增加你的潜力，改善你的生活。你只需要记住，帮助别人永远是值得的。

关于人际能力的问题

1. 当你和别人交往的时候，你关注的焦点在哪里？你经常想的是如何去帮助别人，还是他们怎样才能帮到你？你必须做些什么才能让利他成为你人际关系的焦点？

2. 在你的一生中谁会把你当作始终如一的朋友？谁不会？你必须改变些什么才能成为每个人始终如一的正能量的朋友？

3. 你渴望走向什么样的人际关系，来提高你的生活和能力？要实现这样的人际交往，你第一步应该怎样做？

7

创造能力——看到多种选择并寻找答案的能力

1965 年，我还是一名大一新生。在我们心理学入门课上，老师对我们的创造能力进行了测试。当拿到测试结果时，我吃惊地发现我在班上的排名在倒数的位置。

我很受打击。

我的一生接受过很多测试。我有三个大学学历。但是在我参加过的所有测试中，这一次的低分对我的打击是最大的。我知道在我的职业生涯中，我将要不断地与人交流。但是一想到要做一个无趣的演讲人，就让我受不了。如果你不是一个富有创造力的人，那怎样做能让你变得更有创造力？

从那个课堂走出来后，我有两个想法。第一，除非我提高自己的创造能力，否则我就无法实现我的潜能。第二，不管付出什么代价，我一定要找到培养创造能力的途径。时光飞逝，五十多年已经过去了。如今，很多人告诉我，他们觉得我很有创造力。我的团队经常来找我讨论一些富有创造力的选择，并最终找到创造性的解决办法。在交流中我以富有创造力而著称。所有这些都证明，我在这方面已经取得了非常大的进步。因此，你也可以。

培养创造力能极大地改善你的生活。那些有创造性自信的人往往会做出更好的选择。他们更容易朝新的方向出发。对于看起来棘手的问题，他们能更容易地找到解决办法。他们能不断地发现新的可能性，而且能有效地与他人合作来改善他们所处的状况。培养创造能力的人能够不断发现新的勇气去迎接更大的挑战。

提升创造能力的关键因素

有些人天生就很有创造力，这是真的吗？当然。但生来就富有创造力，并且有天赋凭此改变世界的人真的是寥寥无几。实际上，有人认为，我们所有人都有与生俱来的创造力，只不过大多数人在成长过程中逐渐丧失了这种能力。小说家马德琳·恩格尔曾说："所有的孩子都是艺术家，这是对我们文化的控告，很多孩子随着年龄的增长，逐渐失去了创造能力和不受拘束的想象力。"

你可以重新点燃本来就存在于你身上的创造力，还可以找到培养创造能力的新途径。如果我做成功了，那么你也可以成功。

我想带你看看培养创造能力的八个关键方法。我通过这些方法已经从班级倒数排名进步到名列前茅了。接受这每一个方法，你就会看到自己发现选择、解决问题、寻找答案的能力提高了。

1. 我相信总能找到答案

单词"reactive"（反应）和"creative"（富有创造力的）是由同样的字母组成的。这两个单词之间的区别在于字母"C"所放的位置不同——

这就是我对挑战的看法。我坚定地认为，不管问题或处境如何，总能找到答案。这就意味着要将可能性付诸实践，意味着要把"有答案吗"变成"答案是什么"。

　　思维模式的这一变化让我遭到了很多人的批评，因为他们认为我这是执拗。这种态度对我却能起到很好的作用。当我听到亚马逊创始人杰夫·贝索斯（Jeff Bezos）等人说"我是一个天生的乐观主义者，别人告诉我说，'杰夫，你不要自欺欺人了，这个问题是解决不了的。'但是我不这样认为。只不过是需要时间、耐心和试验罢了"，我也让这一点在我身上得到了验证，创造力把"有答案吗"变成了"答案是什么"。

> 创造力把"有答案吗"变成"答案是什么"。

　　为什么有创造能力的人，比如贝索斯，愿意把时间、耐心和试验花在"无法解决的"问题上？因为创造力需要时间、耐心和试验。你必须相信有答案存在。

　　坚持这样的信念可以带来极好的体验，并且让我有了精彩的故事。比如，有一年，我和妻子玛格丽特，我哥哥拉里，还有他的妻子安妮塔（Anita）一起去巡游，其中有一站是澳大利亚的墨尔本。我们雇了一辆车和一个导游，在游览市区时正好经过罗德·拉沃竞技场（Rod Laver Stadium），导游说澳大利亚公开赛（Australian Open）正在举行，当时正是罗杰·费德勒（Roger Federer）和安迪·穆雷（Andy Murray）之间的半决赛。

　　"停车，"我说，"我要下车，我想去看那场比赛。"

我去纽约看过美国网球公开赛（U.S. Open），所以我认为温布尔登（Wimbledon）、法国网球公开赛（French Open）和澳大利亚网球公开赛也一样有趣。而且我知道，船直到晚上十一点才离开港口。

"你有票吗？"导游问。

"我没有票。"

"你进不去了，因为票卖完了，"她说，"而且大部分票被许多数代同堂的家庭买走了，他们会内部一个传给一个，你不可能得到票的。"

"没关系的，"我说，"让我下车就行。"

"你想让我们等你，直到你发现所有票都卖光了，然后我们继续观光游览吗？"她问。

"不，你们继续你们的，不用管我。"

"那你进去后给我发短信。"拉里跟我说，然后就把车从路边开走了。

我走到售票窗口前说："我想买一张半决赛的票。"当他们解释说没有余票的时候，我清楚地看到，围栏里面有上千人挤成一片，于是我指着围栏方向问道："你的意思是说，那里面的人都是有票才进去看比赛的吗？"

"不是的，其中大多数人没有本场比赛的票。他们是付了三十美元才进入场地的，将通过大屏幕观看比赛。"

我也付了三十美元进去了。这是解决这个"不可解决的"难题的第一步。

在场地内我发现了另一个售票窗口，又去试了试。再次被告知本场比赛的票已经卖完了。"不过如果你去另外一个窗口，要是有观众把他们的票退了的话，那里或许有退的票。"

　　我走到那个窗口前说："我想买一张别人今天晚上不用的票。"

　　"很抱歉，不过这不可能。"那个男人说。

　　"你就一张都没有吗？"我问。

　　"是的，我没有，刚才我还有十二张的，"他回答说，"不过你看到那边两百多人的长队了吗？"他指着说，"他们都等着票呢，可是最多也只有二十来张，很少有人退票的。"

　　我走到那支长队的后面，可是我又想："这里没有机会。"所以我开始探索有没有其他选择。首先，我走到队列的前面去看能否和某个人成为朋友，或许他愿意帮我。我四处走动跟他们说话，这样做是想试探出他们的态度，但效果似乎并不好，直到我与第五个还是第六个人说话的时候。和他聊了一会儿后我说："伙计，我真的很想要一张票，如果你搞到票了，请给我一张，我给你出三倍的价格，我就是想进去。"那个人说："没问题，这个我帮你。"

　　我感觉好些了，但还是想有个备份计划，我一定要确保我进得去。所以我走到一个门口接待员身边问他："比赛开始后，你们这里有没有观众不来的？"

　　"有可能。"他说。

　　"那如果有人没有来，你可不可以让我买他的座位？"

　　"可以，但首先我必须等到第一局结束，因为有时候有些人会迟到。"

　　"那也可以的。"

　　"你就在这四处活动，别走远，让我看看第一局完了是什么情况。"他说。

　　我把第二个选择安排妥当了。我觉得或许无法进去观看全场比赛，但是我可以看半场。我继续在四处转悠，寻找其他可能性。我跟很多人搭话，可听到的回复都是一样的，"如果没有票，你是进不去的"。我敢肯定我听到这句话有五十次之多。

所以我四处找票贩子，但很快发现在这里卖票牟利是违法的。不过我仍然没有放弃。别忘了，我相信总会有解决办法的。

半决赛很快就要开始了，我已经为此努力了两个多小时。一度我开始担心或许我进不去了。当我还在四周环顾、想办法解决的时候，突然看到一个女人从人群中认出了我，她一定越过了其他五十几个人，因为她径直向我走来，说："我有急事，不得不离开，你愿意买我的票吗？"

"我愿意买你的票。"我回答说。

我看到了票的面值，问她我可否多付给她钱。她说："我不要你多付我钱，我只是想让你买走我的票，那我就很开心了。"最后我们两个都很开心。

走进体育场时，我不知道座位在哪里。票也不是那么贵，所以我想我的座位肯定在顶部再往上的某个地方。但是当我穿过门时，他们指引我往下走，我一直往下，直到离球场十二排的位置。哇！

我刚到一会儿，有人在我肩膀上轻轻拍了一下。原来是我的朋友纳比·萨利赫（Nabi Saleh），他是格洛利亚让斯咖啡（Gloria Jean's Coffee）的主席和首席执行官，咖啡店基地在澳大利亚。

"约翰，世界这么大，你是如何得到这张票的？这里可是季票持有者的座位！"他说。原来纳比家族已经享受季票四十多年了。当我把事情的来龙去脉讲给他听时，他笑了。

我可以告诉你，我玩得非常开心。我不知道这是否比观看澳大利亚公开赛更有趣，然而我知道，我应用自己的创造能力成功地对抗了途中出现的各种幺蛾子。

当你读这个故事的时候，或许你会这样想，"我又没去过澳大利亚，而且我也没有多余的钱一时兴起买球票"。我的答案是，创造能力是一种思维模式。你要

> 创造能力是一种思维模式。你要相信答案和解决办法就在那里，只要你愿意不断努力找到它们。

相信答案和解决办法就在那里，只要你愿意不断努力找到它们。相反，如果我去了城市观光游览，那我就不可能下车，如果我不下车，我就不可能发现还有三十美元的票可以让我进入场地，如果我没有买三十美元的票，我也不可能站在一个可以接触到帮我买到票的人的地方，我也就不可能得到票，并最终进入球场观看比赛。你打开的每一扇门都会将你带到另外一扇门前，总有一扇门能最终帮你找到答案。

2. 我相信答案不止一个

我最喜欢的词是"选择"。然而，事实上并非一直是这样。年轻的时候，不管人们问什么，我总是能很快告诉人们，我的想法就是他们所问的答案。我很自信，也很固执己见，对每件事情都确定无疑。问我关于抚养孩子的问题，我能给出答案；问我怎样创办教堂，我能给出方法；问我全国橄榄球队最好的是哪一支，问我关于领导能力最好的书是哪一本，问我什么地方最宜居，问我做任何事情的最好方法，我都能给出唯一的正确答案。

后来我有了自己的孩子，然后发现我很少能给出答案。我遇到了比我更成功的教堂领导，他们的成功方式与我不同。当然，对于美国橄榄

球超级杯大赛，我的选择常常不正确，并且一次次继续出现这样的情况。慢慢地，随着不断接触新思想，不断进行自我评价，以及来之不易的成熟，我开始意识到，几乎生活中的每件事，都有不止一个答案。

如今，我快七十岁了。与我三十岁时相比，我能确定的事情越来越少。而对此我感到很自在。年轻的时候，我总是打破砂锅寻求那个唯一的"正确"答案。现在我的思想开阔了，我会尽我所能寻找尽可能多的答案，直到我列出一个可供选择的长清单。我会把它们排序，并且问："哪个是最佳选择？"找到有效的方法把事情圆满地解决，或者尝试着寻找尽可能多的选择，这让我感到极大的欣慰。

如果你是领导的话，你可能会采取我曾经对员工采取的做法。每当我团队里的人带着问题来见我，我都会让他们至少准备三种解决办法。我这样做是为了让他们更有创造能力，思维更开阔，并且愿意考虑不同的想法和意见。如果他们变得更灵活，并且表现出适应不断变化之情况的能力，那么他们的做事效率就会更高、更有成效。从我自身的经验我知道，当我相信总有答案存在的时候，我开始变得有创造力了；而当我发现答案不止一个的时候，这种创造力急剧提高了。

3. 我相信任何事情、任何人都会越来越好

蒙特·海蒙（Monte Haymon），美国包装公司的前主席兼首席执行官，认为，有创造能力的人，不管他是艺术家、发明家、商人还是教师，都相信有更好的解决办法，并且他们善于探索更好的方法。

不要限制你的期待。你今天认为不可能的事情，只是在目前模式

下不可能。或许，对于存在于我们体内未被开发的潜力这个话题，威廉姆·华兹华斯（William Wordsworth）最有发言权。说到其他人类同胞时，他只是说："我们比我们知道的要伟大。"不管我们作为个体、团体还是社会，都是这样的。对于我们真正的潜能，我们只能估计。只有当我们越过范式，释放想象力，我们才能实现我们的潜能。

在我这个年纪，不仅要面对现实还要考虑可能性。现实是：我渐渐老了，以前能做的事情现在不一定都能做。可能性是：我越变越好

> 不要限制你的期待。
>
> ——蒙特·海蒙

了，包括在创造能力方面。这一点总是真的吗？会不会有一天当我醒来后，再也没有创造性的观点了？我希望不要如此，因为作为一个作家兼演讲家，我需要保持创造能力。好消息是，在我快七十岁的时候，我写成了第一本儿童读物；创办了让他人更有价值的公司；而且发现了一个转化价值的方法，通过圆桌座谈的方式教人们，这有可能会引起国家的改革。这带给我自信，我不再问自己是否会将创造能力耗尽。相反，我问自己："我是否有足够的时间，对我生命中出现的机会做出有创造性的反应？"

当相信每件事情和每个人都会越来越好的时候，你就会获得自信，这可以促使你帮助别人，并且有所成就。而且还会激励你继续寻找解决问题的方法，追求更多的可能性。

4. 我明白，问题有助于我更有创造力

问题总能激发创造力，为什么呢？因为问题促使你探索、寻找。"What if"（假使……将会怎样）是我最喜欢的词组，因为这是问题的开始，而问题有时会激发创造惊人的答案。

几年前我写了一本书叫《提问：卓越领导人问伟大的问题》（*Good Leaders Ask Great Questions*）。在这本书里，我描述了一些问题，其中有些是我作为领导问我自己的，有些是为了让团队变得更好，我问团队成员的。今天，我想要分享其中的一些问题，这些问题让我变得更有创造力。

我们如何让事情变得更好？

如果你已经是一位成功人士，那么这不管对你自己还是对你的团队来说，都是一个绝好的问题。任何时候我们成功了，都会有一种诱惑力促使我们产生一种错误的安全感，觉得自己已经到达顶峰。而对未来成功最大的阻碍就是躺在过去的成就上。

传奇式的教练约翰·伍登（John Wooden）曾和我分享说，他每天都会问自己这个问题："我怎样才能让自己的团队更强大？"要知道，伍登曾十次获得全国冠军，而且是大学篮球比赛史上最成功的教练。然而他还是不满足。他不断地问这个问题，并寻找创造性的途径去帮助他的团队。

我可以做什么让自己变得更好？

每天我都着迷于怎样变得更好。我不会花时间去思考我过去已经获

得的荣誉。虽然我心存感激，但我也明白，奖赏是为我们昨天的成就颁发的。我问自己的问题是："今天你在做什么？"

在我的一生中，我彻底改造过自己五次。始终不变的是，我的写作和演讲都是关于成功、个人成长、领导能力、人际关系等方面的。但是我的公司以及我相对他们的角色，都一直保持变动，以满足人们的需求，并和我所传达的信息保持相关性。如果我想不断地改善和扩大我的影响力，那么我就必须不断完善自己以及我的团队。

在讨论中有正确的人吗？

在人际能力那一章，我解释过吉姆·柯林斯关于"人气"的概念。说到创造能力，你身边人的影响真的很大。你需要既有梦想又愿意行动的人，你需要在探索答案的过程中能够坚持下来的人。这就是为什么我的朋友，广告天才——琳达·卡普兰·泰勒说，最好的主意在第二小时才会浮现。但是她也说，在讨论中你得确保有人能辨识出真正的好主意并且支持它。

我如何能将事情与创造能力联系起来？

当我发现创造能力在于事物之间建立联系的时候，我最大的创造性突破发生了。作为一个年轻的神学家，一周要做好几场演讲，我意识到我需要每天阅读，并记录名言警句和好的观点，以便我在讲课的时候总有材料可以

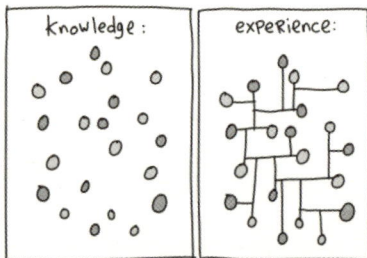

引用。随着我积累的知识和资料越来越多,我开始问更多关于何时应用以及如何应用我这些资料的问题。积累了几年知识以后,我开始寻求在不同的思路和想法之间建立联系,开始把我已经知道的和我正在做的事情联系起来。当这些情况发生后,我的人生局面打开了,我开始了更有策略、更富创造性的思考。

休·麦克劳德(Hugh Macleod)的这个图揭示了在知识和经验之间建立联系的重要性。

正如史蒂夫·乔布斯所言:"所谓创造能力就是在事物之间建立联系。当你问那些有创造能力的人是如何做某件事的,他们可能会感到内疚,因为其实他们也没怎么做,他们只是看到了一些东西,而这些东西随后会逐渐变得明晰。"

多年以来,当我尝试着创造或者发明的时候,我一直都将焦点放在某一个想法上,然后找途径将其他想法与其联系起来。我把这种联系称为创造能力。有一个固定的想法在脑海里,我再想办法将经验、人、名言、故事、机会、问题——任何我能想到的东西,与其联系起来。

最近我想吸引更多的创建人,也就是那些能推动业务部门前行且成功实施措施的人来我的公司。每天我都在找与创建人有关的想法、故事、品格、案例、经历、建议和问题。在这些方面我所做的每件事情,都是为了更有策略地将我所知道的东西与一些新的方法联系起来,而这些新方法可以帮我实现我渴望的东西。

建立关联对我个人创造能力的提高所起的刺激作用比任何其他东西都要大。如果你也想提高自己的创造能力,那么就从寻找关联开始吧。

5.　对于不成熟的想法我感到很自在

年轻的时候，我坚持一个观点产生很久之后才会跟别人分享。为什么呢？因为我想让我的观点"拿得出手"。我不想失败，我不想让我的观点遭到拒绝，我想得到声望。那时候，看起来好比做得好对我来说更重要。

让我发生改变的催化剂是，一个我极其崇拜的人带着自己的想法来征求我的意见。他说："这只是我刚开始考虑的初步想法，不知你是否可以帮助推一下？"

我？助推启动他？

他跟我分享了他的新想法，我们讨论了大概一小时。谈话快结束的时候，我问他："你为什么要这么快地将你的想法分享出来？"他的回答令我吃惊："我越早得到别人对我这个想法的看法，我就离找到自己的答案更近了一步。"

他的自信和灼见启发我改变了自己之前的做事方式。这也促使我发展起了培养创造能力的"3-E模式"。

把一个想法呈现（Exposure）给正确的人

＋来自不同视角的表达（Expression）

＝扩展（Expansion）出超出我个人能力的想法

如果你想提高自己的创造能力，我建议你也使用这个模式。

如今，我爱上了不成熟的想法，也乐意寻找不成熟的想法并将其分享给别人。为什么呢？因为这样做我们至少能得到三种好处：

我们增加了成功的概率

如果你想做成很多事情，那么你就必须尝试很多事情，哪怕你觉得有些事情还没有完全准备好。丹·艾瑞里（Dan Ariely）是杜克大学教授，也是《怪诞行为学3：非理性的你》（*Irrationally Yours：On Missing Socks，Pick-up Lines，and Other Existential Puzzles*）一书的作者。她说，如果你一年尝试三十件新事物，你也许会发现自己只获得了十五个成功的经历。但是如果你一直观望着，只尝试你确定会成功的事情，那也许你只能经历三件成功的事情。

有了创造性的想法，我们会获得更多实践

保持敏锐的想象力是创造性思维和解决问题的关键。这需要实践。不幸的是，随着年龄的增长，我们对创造性想法的实践也越来越少。我们不再使用想象力。斯蒂芬妮·卡尔森（Stephanie Carlson），是明尼苏达大学儿童发展研究所（University of Minnesota's Institute of Child Development）的教授兼主任。她说，随着我们越来越成熟，我们的想象力会逐渐衰退，这是很自然的事情。其中最大的原因是，在学校里，孩子们被迫将注意力转移到逻辑、推理和事实上来。他们将越多的时间和脑力放在事实上，那么留给想象力的脑力和时间就越少，因此，也就疏于使用想象力。和不成熟的想法打交道可以促使我们使用想象力，锻炼创造性思维。

对我们没有做到的感到更自在

如果你朝着墙抛出很多想法，会有许多击中的，也有许多没能击中

的。这没有什么不好。如果你不尝试的话一个也不可能击中。而如果你不断尝试，虽然有未击中的，但是你会发现，这并不比尝试却失败了更糟糕，因为这给了你不断尝试的信心。

有创造力的人会失败，最有创造力的人会经常失败。他们就像一个孩子，在一个想法还未成形时就尝试，如果不能奏效，他们就继续尝试下一个想法，直到找出那个可行的办法为止。如果你想变得更有创造能力，你就要习惯矢不中的。

作为五个公司的创始人，我需要树立起典范，做一个有创造能力的领导，不怕错失目标。如果我的踌躇不定多于坚定果断，小心谨慎多于创造能力，那么我就不可能发展起创

> 员工是否有创造力，最大且唯一的因素在于他们是否感知到自己有权限。

新的企业文化。而任何不知创新的组织注定会灭亡。斯坦福大学的教授大卫·希尔斯（David Hills）说："关于创造能力的研究表明，员工是否有创造力，最大且唯一的因素在于他们是否感知到自己有权限。"作为一个领导，我必须示范这种权限。

6. 我能自如地放下昨天我拥有的

最近，玛格丽特、我，还有鲍勃·哈默（Bob Hammer）和安·哈墨（Ann Hammer）在吃饭时进行了一次有趣的谈话。鲍勃是美国慷孚系统公司（Commvault）的会长、主席兼首席执行官。美国慷孚系统公司是一个为其他大公司生产防火墙和其他数据保护软件的公司。鲍勃的工

作之一就是，雇人来攻破他们自己的防护软件。他知道，当他们快要被攻破的时候，公司就必须做好准备推出新的解决办法。鲍勃说的话吸引了我的注意力："我们在生意场上能生存下去，就是因为我们不断创新。昨天的东西对今天根本不起作用。"

鲍勃知道，要想成功他就必须放下去年起作用的东西，他必须不断创造才能取得成功。他和我们之间最大的区别就在于，他意识到了这一点，而我们往往意识不到。

我们对一件事情付出得越多，就越难以放下。畅销创意作家罗格·范·奥驰（Roger von Oech）曾说："想出新主意并不难，难的是放下一个你倾心已久，并且两年前还很好用，但是马上就要过期的想法。"诺贝尔奖获得者威廉姆·福克纳（William Faulkner）将这个过程称为忍痛割爱。下面我举一些例子来说明我不得不放下的事情。

我过去有一个一月开一次的唱片俱乐部，开设的课程帮助了成百上千人，而且卖出了上百万张唱片，如今这个俱乐部我已不再开办了。我不得不割爱。

我以前总爱谈论我取得的成功，以及我如何做成了这么多事情。而如今我谈论得更多的是我的失败以及我的挣扎。我不得不割爱。

以前我开始写教案的时候，总是从查看文档、整理材料开始，但是现在我按照我心里想的来写。我不得不割爱。

我还可以继续。我的过往充满了许多"死去的宠儿"。你也是这样的吗？你最后一次向原本很特别，但如今不再有用的东西说再见是什么时候？

> 你最后一次向原本很特别，但如今不再有用的东西说再见是什么时候？

经常有人问我，为何我能如此迅速而又轻松地放下一些事情？我的回答是："在一开始的时候，我既不够迅速，也不够轻松。"但是随着时间的过去，我学会了继续前进，学会了放下，因为我吸取了一些经验：

• 如果你将会得到更好的东西，那么你就很容易放手。你不是为了放手本身的缘故而放手，你放手是因为明天看起来比昨天更好。

• 人们往往止损过晚。我的哥哥拉里是个杰出的商人，多年以前他曾教我止损，他说："约翰，尽力让你的第一次损失成为最后一次损失。"这一点我总是做不好，但是我进步还是很大的。

• 只要不满足，并且有创造能力，那么卓越就是可能的。如果我们满足了，便不再去尝试做得更好。可另一个极端是，如果我们不满足，却缺乏追求卓越的渴望，那么我们就会变得悲惨、沮丧。而如果你将不满足和渴望进步结合起来，那么你就会变得更富有创造能力。

• 你不能爱上规则。当你的安全感来自规则、条例和章程的时候，那么你就不再富有创造能力了。我喜欢维珍集团的创始人理查德·布兰森（Richard Branson）曾说的话："人们常对我说，维珍真的很棒，能够跳出固有的模式进行思考。当我告诉他们'其实我们并没有跳出固有模式，我们只是在一开始的时候就没有让固有模式建立起来'时，他们着实很吃惊。"一个人不可能既爱规则又想有创造能力。

你愿意放手你曾爱的东西吗？如果不愿意，那么你很难拥有创造能力，也很难比你现在更好。

7. 请有创造能力的人帮助我

在之前的章节里我曾提到过，我喜欢将人们聚集在桌前讨论，来帮助我。比如，我在构思这本书的时候，请了许多伟大的思想家和发明家帮我一起探索"能力"的内涵。他们提的有些想法超级好，有些还不错，但也有许多很糟糕的。这就是你在尝试着做有创造力的事情时所得的收获。这种状况也还算好。为了击中，你不得不尝试那些击不中的想法。

当你请有创造能力的人帮你的时候，你的目标不单单是叫他们坐在一起，进行一次创新思想会谈。你的目标是请来正确的人。那么正确的人有些什么品质呢？以下是我找到的一些。

- 流畅性——能够提出大量的想法以便提供大量可能的解决方案。

- 灵活性——对于任何特定的问题，分门别类地产生许多不同类型想法的能力。

- 精进力——补充、润色一个想法，或从中建立其他想法的能力。

- 原创性——创造出新颖、独特、不同寻常或与众不同想法的能力。

- 复杂性——能深刻探讨，并将复杂、精细或多面的想法概念化的能力。

- 大胆——愿意大胆地尝试新事物，并敢于承担风险。

- 想象——发明、发现具有独创性的想法，并将其概念化的能力。

- 安全感—— 愿意欣赏他人的观点，并不偏袒自己的观点。

- 价值观—— 能够根据我的价值观和优先性思考并创造的能力。

有这些品质的人就是可以帮助你创造的人。要排除分析师、批评

家、编辑、教育者。否则，还没给予任何飞翔的空间，你团队的创造力
羽翼就被剪除了。

8．我会给自己留创造性静思的时间

尽管我喜欢将一群有创造能力的人聚集起来进行头脑风暴，但我也
喜欢花时间自己思考。为什么呢？因为我们既需要来自外界的启发，也
需要来自内部的灵感。孤独是创造能力这枚硬币的另外一面。

在孤独中，创造能力得以茂盛生长。对我来说这一点非常关键。你
留出多少时间培养创造力你就会多有创造力。我试着每天规划时间，也
按周、按月、按年来规划长期时间。创造能力的养成时间和受到启发想
要培养创造能力的时间之间是有关联的。

几年前我发现，如果我
做正确的事情，而不管是否
受到启发，随后我就会有灵
感，因为我做的是正确的事
情。提高创造能力的关键是
要为其做时间规划，并且期

> 我只有在灵感来临时才动笔。
> 幸运的是，灵感每天早上九点钟
> 会准时到来。
>
> ——威廉姆·福克纳

待在这一段时间之内变得更富有创造力。培养这个习惯能够给你带来
你想要的结果。或许这就是为什么很多作家，包括威廉姆·福克纳在
内，都这样说："我只有在灵感来临时才动笔。幸运的是，灵感每天早
上九点钟会准时到来。"

今天早上，我计划在桌前完成这一章。很难描述当我走进办公室，
拿起我那支有四种颜色的笔，开始在标准拍纸簿上为你们写作时有多兴

奋。当我写下这些话的时候，我心中充满了期待，期待这些能够帮助你们提高创造能力。虽然办公室里只有我一个人，但是我并不感到孤独。我想象着我跟你们在一起，与你们一起分享那些曾经给过我帮助的事情，而且我确定，这也一定能够帮到你们。当你们读这一页的时候，就像我们在一起旅行一样，我相信这场旅行能够吹起覆盖在你创造能力上的盖子。

我为什么相信这一点？因为有上百次，我自己就处在这一过程的接收端，阅读出自他人之手、发自他人之心的文字。我感到和那些作家取得了联系，并对我受到的帮助心存感激。我只是受惠的一方，因为他们花时间独自进行写作。

你需要付出什么才能够在孤独中进行创造？如果你像我一样，那么你需要时间独自思考，为你自己也为他人进行创作。独处的创作时间可以给你带来人生最大的投资回报率。

我的一生都致力于培养领导能力，而我对领导人的观察是，他们大多数人并没有留出足够的时间独自进行创造性思考。很多领导更偏向于行动，在他们的日历上，静思往往被推到了后面，因为行动在向他们召唤。而当这种情况发生时，受苦的不仅仅是领导，还有跟随他的人，因为领导们没有做到最大限度地创新。人们需要的是一个通过静思，带着解决办法走出来的领导。

你听着，就是这些事情帮我从班里创造能力得分最低的一个人变成一个靠创造能力谋生的人的。我每天努力提升创造能力，五十年如一日，努力改造世界，使这个世界成为一个更宜居的所在。

如果你渴望提高自己的创造能力，你也可以这样做。你可以训练自己去发现可能性；你也可以学着寻找答案；你可以使自己变成一个总是提供选项的人；你还可以与他人合作让自己变得有发明才能，有创新能力。如果你能卓有成效地驾驭这些，那么你就真的能够提高创新能力，这也是下一章的主题。

关于创造能力的问题

1. 当说到问题、挑战和障碍时，你相信总有解决办法吗？请解释你的答案。

2. 你发现放下过去的成功和方法是困难还是容易？为什么？以后你如何借助更强的信念放下过去？

3. 你更擅长把有创造力的人聚集起来集思广益，还是独自静思？你可以做些什么来改善你目前做得不够好的方面？

8

生产能力——实现结果的能力

我在本书的这部分思考了七种能力，我向你提出挑战，去发展这七种能力——精力能力、情绪能力、思考能力、人际能力、创新能力、生产能力和领导能力。我认识到，一个人的才干和天生的能力要将所有这些能力融会在一起。但在这七种能力中，生产能力是最能得到提高的。不管一个人的禀赋如何，如果你意向明确，生产能力会立即得到明显提升。如果你愿意在生产能力方面努力，你就会获得成功。

从来没有人不得不刻意去限制自己的能力。这个事自然而然地就会发生。这个世界试图劝说我们不用努力工作，我们也自己劝自己，我们不会遥遥领先。我们觉得情绪低迷，眼睁睁地看着我们的生活走下坡路。甚至有人会告诉你，别人把你放在那个位置，有人在幕后操纵整个体系，成功的人已把你往下推，他们得踩着你上位才能爬到顶端。

但是，我要告诉你一个好信息，我算是成功吧，但我不想把你往下推。相反，我想帮你振作起来，行动起来，过上富有成效的生活。你的生产能力在你自己的掌控之中，我相信，接下来你要读到的内容会改变你的生活——只要你愿意。

> 如果你意向明确，生产能力会立即得到明显提升。

一切值得的都是在走上坡路

我想在本部分开始的时候告诉你一个事实：生活中值得的一切——你想要的一切，你渴望获得的一切，你想要收到的一切，都是向上的。问题在于，我们大多数人都有着向上的梦想，却有着每况愈下的坏习惯。就是我们会限制住自己的生产能力。

> 生活中值得的一切——你想要的一切，你渴望获得的一切，你想要收到的一切，都是向上的。

接下来，我们来看看走上坡路和走下坡路的生活之间到底有什么不同。

走下坡路

一切毫无价值

自卑

处于消极状态

容易失败

士气低落

泯然众人

毫无改善

无目的性

内心空虚

走上坡路

一切皆有价值

高度自尊

积极的发展态势

容易成功

士气高昂

与众不同

自我完善

目标明确

内心充实

如果将这两份列表比较一番，我们就知道自己并不想要那种走下坡路的生活。但是，我们愿意为走上坡路的生活而努力吗？这正是问题所在。所以，我再次强调：**一切值得的都是在走上坡路。**我希望你真正完全理解这一点，感悟到这句话的含义。为了帮助实现这一点，我们来分别看看这句话的几个部分：

一切，指的是包罗万象。它的意思是全部的，包含所有，没有什么被排除在外。

值得的，是一个褒义词。它的意思是令人满意的、可取的、适当的、对你有益的。

走上坡路，是要求高的。它的意思是这段经历会让你觉得劳累磨人、筋疲力尽、崎岖不平、深受打击、紧张费力。

"一切"这个词饱含希望，我们希望这样。"值得的"这个词格外吸引人，我们都想要值得的东西。但是向上呢？那是在挑战，我们许多人并不想应对那样的事情。

走下坡路很轻松。下坡没有什么要求，它也不需要展开什么努力。那就像在感受重力的影响一样，会不断地把我们往下拉。在睡梦中你会从坡上往下滑行。走下坡路的生活特点就在于漫无目的、自鸣得意、反复无常和爱找借口。对于未来，他们没有全局构想，只有即时满足、及时行乐。

走上坡路很困难。向上走需要意向明确、精力充沛、坚定决心、努力工作且一以贯之。它需要你着眼全局、坚定决心、彰显

> 做正确的事往往就是做艰难的事。

品格，并投入时间。做正确的事往往就是做艰难的事。越来越多的人不愿做正确的事，因为那样的事很难，于是他们选择做简单的事情。他们选择走下坡路，而不走上坡路。

你思考过你的生产能力吗

民权活动家本杰明·E.梅斯（Benjamin E. Mays）曾说："生活中的悲剧往往并不缘于失败，而是由于自满；并不缘于做得太多，而是由于做得太少；并不缘于我们享受着超出能力的生活，而是由于我们本该过得更好。"

从"你做了什么"到"你能做什么"，每个人的能力都在面对瞬息万变的挑战。我想要告诉你的是，我希望你接受挑战，做一个不断向上的攀登者。你可能会觉得听上去有点咄咄逼人，但是，你同样不满足自己过去的所作所为，发现自己很难获得更大的进步。如果正是这样，

那么，我想请问：如果不考虑自己，你会为家人和朋友做到这点吗？你选择的生活并不是随着你开始或者结束，你的所作所为也在影响着其他人。

如果你觉得，生活正处于江河日下的状态，没有朝着你渴望的目标和结果前进，那么，你就得调整生产能力。不管现状如何，首先要明确自己的生产能力情况如何，它完全由你自己决定。接着，你得学习一些帮助你提高生产能力的上坡练习，将其变成一种习惯。

保罗·马蒂内利是我的朋友，能帮你有效地提高生产能力。他是约翰·C.马克斯维尔团队的主席，每天，他会带领数以千计的专业指导顾问进行走上坡路的练习。我从未见过有人具备他这样的能力。在2011年的时候，这还仅仅是停留在他脑海中的一个想法，他和我们的朋友斯科特·费伊走过来对我说："约翰，我们开一家世界级的培训公司，怎么样？"在此之前，我从没想过这个问题。

说实话，我不知道要不要做。我不知道自己是否愿意让从未谋面的人借用我的名字，也不确定我们能否为他们提供有含金量的证书。但保罗说服了我，我们决定合作。团队以我的名字命名，顾问负责传递我的价值观，而保罗会处理其他的问题。

在这六年的时间里，保罗可谓大获成功。他将约翰·C.马克斯维尔的团队人数由零变为十万五千，从南佛罗里达州的总部发展到遍及世界的一百四十五个国家。在他开始这项计划前，曾亲自为几位认识的商界人士培养了几位导师（讨论小组）。现在，这些培训师正在领跑全世界的优秀人才，有近百万人在认证培训师的带领下变身为策划人。从零开始到近十亿美元的收入，保罗认为，这都是培训师创造的价值。如果你是一个商人，我敢打赌你一定听说过我的团队。但你并不需要向保罗学习什么商业知识，或对他取得的成就表示由衷的钦佩。

开始走上坡路

保罗从小在黎巴嫩山（Mount Lebanon）长大，那是一个位于宾夕法尼亚州匹兹堡的中上层社区。他有一个姐姐和两个哥哥，保罗来自单亲家庭，他的父亲在他母亲怀上他的时候就离开了家。他们居住的社区环境很好，但保罗家很穷。你一定听过这样的说辞："我们虽然没钱，但从不觉得生活拮据！"保罗却说："我们一直都知道家里不富裕，每一天都更加清醒地意识到这一点。"

摆在保罗面前的机会并不多，因为他存在表达障碍。在他上学的时候，学校那种教育完全把他看作一个残废。朋友们常常取笑他，说他脑子太笨。保罗解决问题的方式就是不停地工作。从童年时起，他就挨家挨户地送早报和晚报，收集瓶子，卖灯泡，秋天扫落叶，冬天铲雪道，尽心尽力挣每一分钱。

保罗把赚到的钱都用在家人身上。他对我说过两件最令他自豪的事。一次是洗礼会，当时他还是个孩子，母亲及兄弟姐妹每年都会等父亲买圣诞树。他们不知道父亲什么时候会把树送来（通常在圣诞节前夕），放在门廊那里。有一年，保罗想，我们为什么要等圣诞节才得到圣诞树呢？于是，他出门买了一棵圣诞树给全家。那年他才九岁。

几年后，保罗的哥哥戴维（David）上了高中，他喜欢跑步，跑起来就像个田径明星。但是戴维买不起真正的跑鞋，那时，耐克这个牌子刚刚走向市场。保罗给哥哥买了一双价值三十八美元的耐克跑鞋，这就是他做事的方式。

辍学者

保罗十五岁的时候，对学校教育充满了失望，他决心找一份活儿做。辍学后，他干起了屋顶维修的工作，同时加入了由志愿者组成的"守护天使组织"，通过街头巡逻的方式阻止犯罪的发生。1979年，柯蒂斯·斯利瓦（Curtis Sliwa）创立了纽约市非营利组织，招募了一些坚强的孩子来帮助他人，保罗正是其中之一。

保罗很快就开始崭露头角，迅速招募了一百名年轻人加入他的分会。他擅长吸引人才和筹措资金。很快，他就成了这一组织的二号人物，和斯利瓦一起足迹遍布全国。

当守护天使组织想在一座城市开辟新的分会时，总是由保罗来完成。无论是在芝加哥、明尼阿波利斯、亚特兰大还是杰克逊威尔、坦帕和迈阿密，随处可见保罗的身影。他建立的最后一个分会位于棕榈滩，他最终定居在那里。那时的可卡因交易十分猖獗，很多毒品通过棕榈滩进入美国。

企业家

保罗喜欢他在守护天使组织中扮演的角色，但七年后的一次打击，让他决心自己创业。一次，全家聚在一起吃感恩节大餐，吃完火鸡和烤宽面条（一种意大利裔美国人的感恩节食品）后，保罗在饭桌上公布了他的决定。

保罗从高中辍学时，他母亲气得把他赶出了家门。但是，她和全家人一直都为保罗在守护天使组织所做的工作感到骄傲。当保罗宣布要退出这个组织，开创自己的事业时，时间好像停止了一样。保罗回忆说，每个人都放下了手中的叉子，目不转睛地盯着他看。

"你说什么？你疯了吗？"

"你想做什么工作？"

"我想开一家保洁公司。"保罗回答。

"保洁公司！你记不记得你住在家里时，房间都乱成什么样了？对于保洁你根本一窍不通！"

保罗说，他忽然变成了隐形人，家人对他视而不见，开始替他进行职业规划。

"我的上帝，"他的祖母说，"我们得给罗打个电话。"罗是保罗的堂姐罗丝，她在邮局上班。家人认为，罗丝能帮保罗找到一份政府部门的工作。

保罗并没有因此而气馁，二十二岁的时候，他开始经营自己的生意。白天，他挨家挨户地拜访写字楼里的办公室，上门推销自己的公司，希望客户能雇用他们保洁。晚上，他自己出门做保洁。一开始他有两个同伴，不到一年，他们就中途退出了，于是保罗独自继续自己的生意。

十六年来，保罗带领他的公司"为您服务"，经历了不少风风雨雨，最终把它变成了一家颇具实力的公司。他从那段经验中学到了很多东西，形成了生产能力原理，我会在后面的部分与你分享。当他出售这家公司的时候，已经有了一百名全职员工，每晚清洁一百五十个地方，包括办公室、饭店、乡村俱乐部、电影院、影像中心、医院甚至动物园。保罗的格言是："只要它待在那儿不动，我们就能让它利利索索。"

保罗在不断地学习和成长，同时，他决定帮助他人获得事业上的成功。他用一本书中的内容来指导人们，这本书改变了他的生活：《思考致富》。他建立了一个组织，训练自己成为一名演说家。他觉得这事意义重大。当保罗还在经营保洁公司的时候，就已经开始对员工进行演讲和培训。几个月后，他成了互联网演说家里最具名气的企业家。该组织的创办人发现后，想邀请保罗管理会议方面的业务，于是保罗卖掉了保洁公司，换了份新工作。五年后，保罗向我提出，要成立约翰·C.马克斯维尔团队的想法。

高产人士的九项准则

我认为保罗的故事非常精彩，充分展示了他的毅力和生产能力。早年前他曾说过："尽管我接受的培训一直在告诉我，你只能出那些发到你手里的牌，但我觉得未必如此，我有能力把这些牌拾起来，扔回牌桌上。虽然我不清楚具体如何操作，但我知道生活并不止于此，我有能力改变它。想表达清楚很难，我也不懂这意味着什么，更不知如何去做。但我的内心深处一直告诉我，这是可以实现的。"

保罗最终找到了实现的方式，我想把它分享给你。保罗的原则可以用在你想实现的任何目标上，不管是一家企业、一个非营利组织、一项家庭重塑计划或是一支运动队，都是适用的。如果你想提高生产能力，请牢牢记住下面的原则。

1. 设想完美的结果

史蒂芬·R. 柯维在《高效能人士的七个习惯》一书中说过，我们应该在脑海中牢牢记住结果长什么样。保罗进一步发展了这一理论。他将其称为"创造完美的心智模型"，不仅要搞清楚自己所处的位置，更要尽可能多地设想完美结果的细节部分。在建立约翰·C. 马克斯维尔团队前，保罗的头脑中就已经有了团队模型：教练队伍是怎样的，受过培训和认证的教练数量有多少，有资质的合作伙伴所在的城市在哪里——他都一一想到了。他渴望一个完美的模型，好全力以赴实现目标。

保罗把自己的工作比作园艺大师修剪花木。大师的脑海里会有一棵树理想中的样子。这样，当他着手修剪时，脑海中的形象会帮助他完成工作。

你可以在精雕细琢的盆景或被雕刻成几何形状及熟悉的字母形状的灌木中发现这一点。

你对自己想要实现的目标有什么预期吗？你是否为目标建立了一个完美的心智模型？如果没有，你就要在上面花点心思了。这正是你走向成功的第一步。想象出的细节越多越好。它真的完美无缺吗？当然不是，但是你首先要学会如何构建模型。

2. 在知道如何实现愿景前开始努力工作

保罗的生产能力流程从构思完美的想法开始，但是，接下来的步骤

似乎背道而驰。保罗称之为
"放慢脚步"。保罗说：
"对我而言，让我变得高产
高效的是，我愿意去做我知
道要做的事情，而不是沉溺
于我不知道要做的事情。"

> 让我变得高产高效的是，我愿意
> 去做我知道该怎么做的事情，而不是
> 沉溺于我不知道该怎么做的事情。
>
> ——保罗·马蒂内利

换句话说，立即开始，做点什么，任何事情都可以。

"很多人做事效率低下，是因为他们把做不到的事列了张清单，"
保罗解释说，"这就成了效率低下的理由。我做不到，因为我对此一无
所知；我做不到，因为我缺乏资源；我做不到，因为我没有时间；我做
不到，因为我没有钱；我做不到，因为我没有人脉。而我从中学到的是，
接受我已经知道的一切，让它们变成我做事的理由。"

当你想达成某项目标时，需要对结果进行展望，与此同时，你在
面对不确定时要能积极采取行动。你需要思考和分析你的目标，也需
要坚持不懈地培养你的生产能力。哪怕只是一小步，你也要愿意勇往
直前。

大多数人希望在一开始就能来个三级跳。他们渴望开端引人注目，
能产生巨大的飞跃。但是保罗指出，这样大的飞跃寥寥可数。如果我
们愿意在开始的时候迈出一步、十步乃至一百步很小的步伐，那么，
我们或许能在接下来实现一次较大的飞跃。对一些人而言，这看上去
就像是一举成名，但只有我们自己清楚，这是无数小的成功不断积累
的结果。除非你愿意迈出开始那不确定的一步，否则，你将与成功彻底
无缘。

保罗给我讲了一件他儿时的趣事。当时他决定靠铲雪挣钱，他去车

库找了一把铲子，然后就去敲人家的门。如果你生长在一个下雪的地区，比如我生长在俄亥俄州，就会知道雪铲的样子。它又大又宽，有一个弯曲的刀片，能轻松地铲起大量的雪。而保罗的铲子呢？只不过是一把在花园里挖洞用的园丁铲。

"现在回想起来，我觉得很搞笑，"保罗说，"我没有雪铲，其他人的雪铲很精致，但我没有。我在车库里找到了一把旧铲子，我那时不知道铲子可以有七种不同的类型。我只知道我有一把铲子，要拿着它出去找工作，而我就是这样做的。"

这就是令你提高效率的心态。无论你有什么——或没有什么——你都渴望开始，哪怕你对如何实现目标一无所知。

3. 迅速失败，率先失败，经常失败

面对追求完美的想法，接下来的这个步骤看上去有点不搭调。想要提高效率，你得能够承受失败，很多次的失败。

我最佩服保罗的就是，他勇于尝试并不断前进。他从来不会让那些毫无意义的事情给自己徒增烦恼。保罗思维的一个关键之处是，他从不考虑自己的努力是对还是错，是成功还是失败。他会反问自己：我的所作所为能否让我距离完美的愿景更近？如果能的话，这就是一种成功，如果不能，就从失败中吸取教训，及时调整，并再度尝试。

你能承受失败吗？你能承受一而再，再而三地失败吗？你能从失败中吸取教训吗？这正是你掀掉生产能力上限帽子的必要条件。

4. 保持比别人专注更久

作为一个崭露头角的企业家，保罗学到了很多东西。其中最重要的是保持专注力。保罗说："当我回首往事的时候，我意识到，我比大多数人更加专注。所有的孩子都出去铲雪赚钱，大多数孩子会干三十分钟，赚三四美元，然后就放弃了。而我则会保持专注不受干扰，也不受外界条件或环境的影响。这就是我得到的重要收获。"

专注给保罗带来的益处不止于此，它还会帮人获得好的结果。保罗工作一向努力，因为他认为，人们觉得他脑子不够聪明。现在，他知道自己其实做得很棒，他

> 要提升生产能力，得在一件事情上反复尝试，而非在许多事情上浅尝辄止。

依然保持高水准的职业规范。我问他：在一件事上坚持多久才会有所改变？当你坚持不懈朝着目标前进的时候，经历了怎样的困难？还能保持良好的专注力吗？你可以从保罗的事例中学到这一点。他喜欢在一件事上反复尝试，而非在许多事上浅尝辄止。不管你的天赋、智商、人脉或是机会如何，保持专注是任何人都能采用的有效方法。

5. 盘点你的技能和资源

保罗在保洁行业干了两年后，终于碰壁了。"我这辈子一直在做别人告诉我的事，"保罗说，"人们告诉我，如果我勤勤恳恳、任劳任怨，

一切都会好起来。于是我努力工作，从不懈怠，但事情并没有朝着好的方向发展。当我设立一个新账户时，可能会失去两个账户。我得到一名素质优秀的员工，但他可能为了每小时多赚二十或五十美分转而投入别的公司的怀抱。这就是俗话说的，前进一步，后退两步。我不知道如何改变这种状况。我陷入了深深的困境。我内心的感受是：一切都糟透了。"

那时，保罗想不出该怎样摆脱困境，于是他开始思考自己所具备的能力。他意识到自己需要成长。"如果你裹足不前，"保罗说，"你就没有全力以赴地生活。如果你没有充分发挥自己的实力，就会深陷思维的困境，难以摆脱。我们之所以感觉很糟，是因为这和人类的天性相悖。"

保罗读过一本书，是马克斯威尔·马尔茨（*Maxwell Maltz*）①写的《心理控制术》（*Psycho-Cybernetics*），这本书令他意识到，恰恰是他自己设置了能力的上限。他根本没有意识到，自己创造了一种负面的期望。"我总认为，如果你从高中时代就开始辍学，做成现在这样已经是达到了能力的上限。"保罗说，"但当我读完马尔茨的书后，我意识到，只有我才能真正控制自己的能力限度。而我之前从未意识到这一点。我所期望的只是有限度的成功，一定意义上的幸福而已，事实上，我在不停寻找别的东西来改变自己的生活，而这是永远不会发生的。"

---

① 马克斯威尔·马尔茨，是一名整容外科医生，1923 年毕业于美国哥伦比亚大学内外科专业，获医学博士，后前往欧洲从事整形外科博士后研究。他也是一名国际著名演讲家，其作品有《新面孔、新未来》《心理控制术》等。

马尔茨书中的一幅插图道出了温度计和温控器之间的区别。保罗曾经一直就像个只显示温度状况的温度计，但他把自己变成了温控器，这改变了现状。如果你想提高生产力，就得学会管理自己的生产能力。你得把自己变成一个温控器。

6. 停止做你不擅长的事

经过一段时间的总结，保罗做了个决定。他不再渴望成为一个主讲人了。这曾经是他卖掉保洁公司的原因。保罗是个很好的演说者，但他意识到，他无法成为一个杰出的演说家，那种令场馆座无虚席的演说家。他放弃了那样的念头。

保罗意识到，他在扮演副职角色上表现出色。的确，他自己经营着一家非常成功的公司，却擅长坐稳第二把交椅，他和柯蒂斯·斯利瓦一起在《卫报》工作时，就初步有了这样的想法。当他在约翰·C.马克斯维尔团队和我一起工作时，更加清醒地意识到了这点。

如果你停止做不擅长的事，转而专注于你最擅长的事，你的生产能力就会大大提升。想方设法集中你的时间和注意力，从计划中剔除那些回报不高的东西。

7. 每天调整你的团队

保罗把生产能力提高的原因归结于建立团队。"当看到我取得的成就时，"保罗说，"我看到了团队的功劳。守护天使组织就是一个由人组成的团队。商务保洁公司、约翰·C.马克斯维尔团队、教学团队、销售和市场团队，以及有资质的教练团队皆是如此。他们中的一部分人已经和我共事了十年甚至十二年。谢丽尔·费舍尔和我们一起工作了二十二年。我想要的不是员工，而是团队。我意识到，自己的能力是有限的，因此，我需要团队。但是，当我召集一个团队，将之凝聚在一起实现同一个目标时，团队会自动地、滚雪球似的提高我的能力，这是我单打独斗时无法做到的。它将生产力提高了一个平方级。"

由于保罗意识到了团队的重要性，因此，他有意识地保持与团队成员的联系。他给别人打电话，让他们来报到，或者特意去拜访别人，仅仅是为了聊天。他对团队的社交媒体很关注。他想知道他们是如何运作的。"你必须了解团队的整体氛围。"保罗说。

我也是这样做的。我试着和核心员工共进晚餐，带他们参加活动，这样我们就能经常待在一起。我深知，那些与我关系最亲近的人决定了我取得成就的高度，因此，我想要保持和发展这些关系，尽可能为我的团队成员增加价值。如果你想提高效率，你需要懂得如何建设团队，与团队成员建立联系，并不断提升他们的价值。

8. 每天做决定，让自己和团队不断前进

当保罗开始努力做一件事时，他的首要目的就是让工作正常运转。比如，当他创立约翰·C.马克斯维尔团队时，甚至连一个网站都没有。但是，他并没有因此而止步不前，他做了他认为该做的事，然后不断改进。他将生产能力集中于此，这一过程要求具备快速决定的能力。

保罗最令我感兴趣的一件事是，他从不判断一个决策是对还是错，是好还是坏，他只判断在实现目标的过程中，它们会不会让他和团队前进或者后退。"我们做错过很多事，但这个决定仍然是正确的，因为它推动了事情向正确的方向发展。我要特别强调的是，我不认为这是一种失败，我压根就不在乎。我关心的是：这会让我们向完美的方向更进一步吗？我关注的是事业的发展轨迹。我从不认为一件事能一蹴而就，我是一个眼光长远的人。我也不在意当下的情况如何，因为状态瞬息万变。我想要确认的是，我是否处在正确的轨道上，我们要走在正确的道路上。如果你问约翰·C.马克斯维尔团队的成员，他们会告诉你一句我常说的话：走着走着，跳起来展翅翱翔。"

只要你愿意做出决定，就能最大限度地提高生产能力。保罗的决策方法能帮助你解放身心。的确，在品格和道德角度，存在所谓的对错，但是在生产能力和成就方面，并没有这样的界限。要么有作用，要么没作用。它要么让你前进，要么让你原地踏步。如果你养成了快速决定、勇于尝试、主动判断的习惯，你就会变得更有效率。

9. 不断再次评估可以改进之处

高效能人士总是致力于把事情做得更好，找到更好的解决方式。保罗的目标也是如此。他一次又一次地对事情进行重新评估。每隔半年他都会举办培训活动，给教练颁发合格证书，公司的情况也变得越来越好。每次他调整市场营销计划时，获得的结果都比以往更好。现在，他正在重新设计认证课程中含有的培训流程，以及重新评估教学系统。这些东西并非需要修补，相反，它们都运转良好。但保罗想让它们更加完善，他仍然在朝着他心中的完美模式不断前进。

保罗通过不断完善来提升积极性。"我常常这样表述，"保罗解释说，"我们的一生中有三个选择，历史学家、记者或是未来主义者。历史学家想要提醒我们过去发生的一切，并以此来判断未来发生的一切。记者则致力于研究当前的状况，认为存在即合理。未来主义者则更多地把注意力集中在尚未完成的事情上，觉得我们还有很多的事情要做，能做得更多。我们可以扩大自身的能力，有更多的潜力尚待挖掘。"

保罗将这称为"活在即将到来的未来"。我更倾向于用"今天的行动是为了创造更加美好的明天"来表达。今天和明天交界的地方，恰恰是你能发生积极改变的地方。你真正能把握的时间只有现在，你不能改变昨天，也不能控制明天。但是，为了让明天更加美好，你可以选择你今天所做的事情。哈佛大学的爱德华·班菲尔德（Edward Banfield）教授在他的书《不像天堂的城市》（*The Unheavenly City*）中提到了关注未来的重要性。他将其称为"长期观点"，并表示，根据研究，它是美国社会和经济向上流动的最准确的单一预测指标，比家庭背景、教育、种族、智力、人际关系或者其他任何因素都更为重要。如果你想成为高效能的成功人士，就要从现在做起，更多地把注意力投向未来。

我认识保罗六年了，不仅对他的生产能力深感吃惊，还对他不断提高生产能力的方式感到惊讶。保罗说："如果你缺乏表达的能力，又怎样体现潜力存在的价值呢？"在我看来，他一直在不遗余力地发挥自己的潜力。

没有什么能比提升生产能力更加快速、彻底地对你的潜力和成功产生积极的影响。如果你从保罗那里得到了一些启示，你可以立即采取行动，采用他的方式不断练习、不断重复，直到变成自己的习惯，然后，观察你的生活发生了哪些改变。

关于生产能力的问题

1. 你更倾向于成为一名研究过去的历史学家、一名观察和评论现在的记者，还是一位在今天采取行动、好改善明天的状况的未来主义者？未来离我们越来越近，你会把注意力更多集中在哪些方面？

2. 以保罗的故事作为灵感启发，你会如何描述对未来的憧憬？你该做些什么？尽可能详细地描述出来。

3. 你现在有哪些让自己走下坡路的习惯，令你离理想的未来越来越远？你必须培养哪些走上坡路的习惯，取代毫无成效的习惯？

9

领导能力——提升并领导他人的能力

四十多年前，我就认识到任何事情的成败都取决于领导力。从那时起，我一直努力争取成为一个更好的领导者。在此过程中，我意识到领导力就是影响力，因此，提升领导力就意味着增强影响力。

二十世纪七十年代，我曾听厄尔·南丁格尔（Earl Nightingale，美国著名励志演讲人，其感悟所得《最奇妙的秘密》广为流传）说过："如果一个人每天花费一小时，每周花费五天，长此以往，坚持五年去研究一个领域，那么他将会成为这一领域的专家！"我的第一反应是："哇！我只需五年时间就可以成为一个领导专家了！"

我潜心研究领导力，五年后我认识到两件事：第一，作为一个领导者我取得了进步；第二，仅在五年之内，我不可能成为一个领导专家，我的能力还差很远。我学得越多，就越明白自己不懂的何其多。这种感觉一直延续至今，但是，它恰恰激励着我去学习更多。自我意识给了我一种强烈期望，促使我不断成长。

> 我学得越多，就越明白自己不懂的何其多。

在领导力领域我确实也得到了认可，2014年，美国管理协会（American Management Association）认定我为商业界第一领导人。同年，商业内幕（Business Insider，网站名）和企业杂志（Inc.）认为我是世界上最具影响力的领导专家之一。但我一点都不觉得自己是个专家，倒更像是领导力领域的门外汉。这也许不像是真话，但它确实很符合我所做的事情。每当我学习了新的东西，我都将它补充到有关领导力的知识储备中，并应用到生活中，月复一月、年复一年我坚持不懈。我的目标就是领导能力的不断增长，随着知识的积累和更新，领导能力会得到进一步的提升。

给你们讲个例子吧。当出版商请我修订出版《领导力21法则》十周年版时，我欣然接受。我认为这将是一个很快的过程，只需对书中部分内容稍做调整便可完成任务。但是我错了。当我重读这本书时，我感到十分气馁。在过去的十年里，我学到了许多有关领导力的知识，我成长了也改变了，领导能力也得到了增强，但这本书依然如故。我原本预期的稍做调整变成了大量修正，我更改了书中七成的内容，除了以前写的，又加入了更多领导层的知识。

那是我第一次清楚地认识到，当我将新知识与旧知识关联起来时，新知识会在旧知识上创造出新的内容，并相互融合。这使我养成了统筹考虑新旧知识的习惯。还记得我在创造力那一章分享过的一个例子吗？即创造力与知识之间的联系。那也是我对于知识和智慧的理解。知识给你新的启示，智慧将它们关联起来。一直保持这种连接，各种知识就会融会贯通。

领导力的两面性

我的领导能力正在不断增长。我在第三章曾提到约翰·C.马克斯维尔公司每年都会举行介绍行政领导心得的活动，他们称之为"交换"。2015年，该活动在圣弗朗西斯科举行，其中的一位主讲人莉兹·怀斯曼（Liz Wiseman），是甲骨文公司（Oracle）的前高管，现任美国硅谷怀斯曼集团（Wiseman Group）总裁，同时，她还是多本书的作者，其中一本书是《成为乘法领导者：如何帮助员工成就卓越》（*Multipliers：How the Best Leaders Make Everyone Smarter*）。

在活动中，莉兹讲述了"乘法领导者的五大法则"。听到她将乘法领导者描述为"激发他人智慧的人才创造者"，我很感兴趣。接下来，当她阐述每一条法则时，我不得不承认我很兴奋，因为我觉得她好像就是在说我。

- 人才吸引者吸引有才能的人并能够人尽其才。（我认为，我做到了这点。）
- 解放型领导者能够营造高度激发员工积极性的工作氛围。（我认为，这点我也做到了。）
- 激励者能够提供机会，让员工有发展的空间。（我完全做到了。）
- 讨论发起者通过严谨讨论后做出合理决策。（我乐衷于此。）
- 培养者能够让员工对工作肩负起职责，并提供他们做成事业所需的资源。（哇，我也做到了，这点与我的观点不谋而合。）

嘿，我感觉棒极了！我开始幻想莉兹是否要把我的照片登到她的书的封面上，这样，读者们就能知道乘法领导者是什么样子了。但是，我还没能来得及让她拍照片，她就开始谈论乘法领导者是如何在不经意间压制他人。

- 创意者想用自己的想法去激发别人的想法，但结果呢，他独断专行，反而扼制了大家的想法。（噢，不！我这样做过。）
- 充满激情者想创造有感染力的氛围，并分享他的观点，但结果是他浪费了全部的感情，而别人充耳不闻。（噢，这点我也做过。）
- 救助者试图确保人们成功并保护他们的声誉，但导致人们依赖他，这反而削弱了他们的声誉。（这是第三点了，我也做过。）
- 先导者想在质量和速度上树立一个高的标准，但当人们达不到这个标准时，就会选择旁观或者放弃。（我这样做的次数比我想承认的还要多。）
- 迅速响应者希望保持组织快速运转，并着手实施。但结果呢，由于太多的决策和变化形成"交通阻塞"，导致组织运行缓慢。（是，这点我也做过。）
- 乐观主义者想要建立一种团队必胜的信念，但人们怀疑他是否明白这个过程有多艰难，或承认有失败的可能。（这点我也做过。）

确实，当她描述并解释这种领导人具有压制别人的倾向时，我感到很惭愧。在不到九十分钟的时间内，我从云端跌到了谷底。我不知道我的优势居然对别人有如此强烈的抑制作用。回到现实，在我们离开圣弗朗西斯科之前，我把核心集团的几个成员召集在一起，向他们承认，莉兹所提到的压制别人的每一个缺点，我身上都有，并请求他们帮助我。由于我不能马上纠正这六个方面的全部缺点，所以我问他们我应该先从哪一方面开始。他们一致认为：我需要缓和我的乐观倾向。接下来的几个月，这就是我所要做的事情，我还有很长的路要走，但我在不断进步。

精妙之处是什么呢？我知道它正在帮助我成为一个更好的领导者，正在促使我的洞察力和经验达到一个新的水平，而这些将会提高我的领导能力。

提升你的领导能力

我希望本章能提高你的领导能力。如果你读过我的其他关于领导力的书籍，你也许会纳闷我打算教什么，实际上我想把我现在所学的新知识教给你。我想分享的内容一些是全新的思想，替代原来的旧思想；一些是由旧思想激发而形成的新思想。我希望它们都能提高你的能力，就像提高我的能力一样。

1. 通过询问、倾听去理解并找到你的团队

最近在接受采访时，有人问我："约翰，你在年近七十岁时和你三四十岁时在领导方法上有什么主要区别？"我立即回答："现在，我在不停地问问题。"

沟通是领导力的语言。记者、作家威廉·H.怀特（William H.

Whyte）[1]说过："我们发现，沟通的最大敌人是沟通的错觉。"多年来，我幻想着只要我进行讨论和提供指导，就可以实现沟通。当我还是一个年轻的领导

> 我们发现，沟通的最大敌人是沟通的错觉。
>
> ——威廉·H. 怀特

者时，我热衷于给出答案。我想让我的团队对我所知道的知识印象深刻，而且我对完成任务感兴趣。以前，我专注于设想，认为领导力就是关于我和我想要的。现在，我想让我的团队了解我，而且我也想了解他们。

在我的职业生涯早期，我的沟通几乎没有什么互动。我从来不想提问与回答，我只想教别人我知道的以及我觉得重要的东西。而今，我鼓励提问和回答，为什么呢？因为这是与听众沟通并满足他们需求的最快、最简单的方式。多年来，对于别人可能问的所有问题，我都进行了充分的思考。

渐渐地，我明白了领导力是一条"双行道"。我花了很长时间才发现这种方法，后来我称之为沟通法则：领导者在着手行动之前应先进行心灵上的沟通。而我多年来都是直接采取行动而忽视了心灵上的沟通。但是在我开始多询问少指导时，一切都发生了改变，我变得愿意关注他人。问题是打开他人生活大门的钥匙，我通过这些问题去了解别人。

---

[1] 威廉·H. 怀特（William H. Whyte），美国著名的社会学家、新闻记者和人类研究学家，是美国关于城市、人与开敞空间方面最有影响力和最受尊敬的评论家之一。

　　我也会提出问题，因为它有助于我找到合适的人。但年轻时我并不知道需要这样做。现在我知道，提出问题并主动倾听，这样就可以

> 作为领导者，我们在试图解决问题之前，需要正确地看待这些问题。

找到那些愿意帮助你成为领导者的人。如今，当我接触一个人时，我首先想到的就是我能提出什么问题，来了解他们并与他们建立联系。

　　询问可以打开沟通的大门，让我们与他人建立联系。问题为我们了解他人提供了重要的价值，同时也给了我们一个不同的观点。作为领导者，我们在试图解决问题之前，需要正确地看待这些问题。你能给别人的最高赞赏，就是征求他们的意见。

　　然而，如果你不倾听，那么什么作用都没有。如果询问打开了沟通的大门，那么倾听就可以让门一直敞开。询问引起交谈，而倾听会促进交谈继续。倾听表明，在我试图被别人理解之前，我愿意先去理解别人。询问＋倾听＝有效沟通。而有效沟通＝卓越领导力。

　　我必须学会倾听，因为我太想交流了。现在，我通常先让对方开口，与我分享他们想让我知道的一切。我会目光始终注视着他们，专心倾听，不打断他们，尽量给他们足够的时间。为什么这样做呢？因为我希望他们觉得被理解。当他们停下来时，我甚至会问："所有的都讲完了吗？如果还有，接着讲，我有时间。"直到他们讲完了，我才开始讲。

　　几乎我所有领导力提升的提示都来自倾听他人。为了找到和理解他人，我提出问题，并倾听，只有这样我才能有效地领导他们。

2. 在要求他们改变之前先和他们交流

从本质上讲，领导力就是变革。作为一个领导者，为了团队利益和愿景的实现，会要求人们改变他们的关注点，改变他们的精神，改变他们的技能，有时甚至是改变他们的生活方向。怎样才能取得他们的信任，让他们做出这么多的改变呢？信任的基础需要建立良好的关系，而良好的关系从良好的联系开始，正如我在《连接：每个人都在沟通，但很少人在连接》（*Everyone Communicates，Few Connect*）一书中所解释的，最好的关系发生在共同的兴趣点之上。

如果你是一个任务导向型的人，与别人联系可能是你必须努力达到的目标。如果你是一个喜欢与人打交道的人，那么建立关系可能就会容易得多。但是要实现从建立关系到开始运行，就需要一个转型，我称之为"领导转型"。所谓"转型"就是一种转变，即从与人们建立联系，到为了团体利益而帮助他们做出必要的改变。

在我年轻时，这种转变对我来说是一个挑战。我仅仅擅长建立关系，我认为友好就是领导力。人们喜欢我就是好消息，他们并不一直追随我就是坏消息。我无法强迫他们从我们所处的地方到我们需要的地方去。

最近，在由约翰·C.马克斯维尔公司赞助的一个培训会上，肯塔基大学野猫队主教练马修·米切尔（Matthew Mitchell）问我："约翰，作为一个教练，我什么时候能对他们严格要求，什么时候应该对他们耐心以待呢？"这是每个领导者都会自我反思的问题。我的回答是，在一些特别的方面，你应该对队员严格要求，比如态度、责任心和职业道德。

但在他们的家庭、经验和技能等方面，你需要对他们耐心一些。

当你的队员来自一个困难的家庭时，也许他没有其他队员同样的特权或机会，他通常需要你的耐心。缺乏

> 在一些特别的方面，你应该对队员严格要求，比如态度、责任心和职业道德。但在他们的家庭、经验和技能等方面，你需要对他们耐心一些。

经验者也需要耐心。举个例子，在大学篮球队中，你不能指望一个新手表现出跟老手一样的技能。而且，技能较差的队员需要的耐心比技能较高的人更多。技能越高，严格要求的程度就越高；技能水平越低，耐心对待的需求就越大。

帮助团队成员成功改变的关键点之一就是预先给他们设定期望，它会在后期的关系建立中增加积极改变的可能性。正如史蒂芬·R. 柯维（美国著名的管理学大师。曾被誉为"思想巨匠""人类潜能的导师"，并入选影响美国历史进程的二十五位人物之一）在《信任的速度》（*The Speed of Trust*）一书中所说："重要的是要把注意力集中在共同的成功愿景上，这是一种预防措施。当期望事先没有明确设定时，信任和速度都会下降。由于领导者没有明确地界定期望，大量的时间被浪费掉；由于没有澄清对期望的理解，人们陷入猜测。而最终的结果就是他们完不成任务，并且不会得到重视。"这种方法我称为期望法则，前期设定期望，后期会增加这个期望实现的可能性。

我想引导你按照我使用的六个步骤去设定期望。我相信，当你和他人建立联系，并请求他们去改变时，这些步骤将会给你带来成功。

让他们知道你重视他们

领导者给予团队成员最大的礼物就是信任他们，让他们知道自己受到重视。团队成员尊重领导者，这是很美妙的，领导者重视团队成员，这就更棒了。为什么呢？作为领导者，这表示我很关心下属。我越是重视你这个人，就越会在你身上投入更多。价值评估决定投资，因此，如果我作为你的领导人却不重视你，我只会为了我的利益设法对你做出其他安排，而不会为了你的利益在你身上投入。

因此，在对别人设定期望时，我明确地表示，作为个人而不是参与者，我有多么重视他们。这意味着我非常关注他们是否能正视自己，正是由于我太重视他们了，所以不允许他们平庸地保持不变。而一旦他们知道我对他们的期望，是源自我对他们的重视，就会为下一步开好局。

> **价值评估决定投资。**

认可他们的自我价值

正如我所说，我们作为领导人如何看待他人，决定了我们将对他们投资多少。但他们如何看待自己，决定了他们将在自己身上投资多少。再强调一次，价值评估决定投资。你对自己的重视程度决定了你对自己和他人的承诺程度。自我价值是信心的基础。你对自己越来越有信心时，就会更加崇尚自助自立。

在团队里如果有人缺乏自信，作为领导者，你需要尽力帮助他们找到信心。你需要鼓励他们，需要说一些积极肯定的话，需要教他们，甚至需要帮助他们赢得胜利。那这样做就会永远有效吗？不是的，如果他们的自我价值没有提升，那么他们的表现也不会突出。

告诉他们你期望他们成长

2012 年，我写了一本书，叫作《个人成长力 15 法则》（*The 15 Invaluable Laws of Growth*，2018 年简体中文版更名为《成为一个更高效的人》），第一章包含了"意向法则"：成长不是自然而然发生的。如果我们想成长，那么就需要制定目标并付诸行动。如果我们希望我们的成员成长，就需要帮助他们做同样的事情。

作为一个为他人设定期望的领导者，你必须准备好回答两个问题：你想让他们知道什么？你想让他们做什么？作为领导者，你希望你的成员不断成长，而且你想让他们一开始

> 作为一个为他人设定期望的领导者，你必须准备好回答两个问题：你想让他们知道什么？你想让他们做什么？

就知道这一点。假如他们知道你将要让他们为此而负责，那么他们实现成长的可能性明显增大。领导者所犯的最大错误之一就是分享期望，而不顾及后期的责任。

告诉他们改变是必需的

不改变就不可能变得更好。没有人能一直保持不变的同时，又上升到一个更高的水平。愿意去改变是我们为成长而付出的代价之一。

好的领导者帮助人们认识到并接受这个代价。他们帮助团队成员明白两者之间的最长距离往往是一条捷径，而且不存在打折的成长方法。对于那些愿意为了提高和成长去改变的人，领导者也会和他们一块努

力。而对于那些不愿改变的人，领导者不可能为他们做出改变，但是领导者可以告诉他们什么是需要改变的，并帮助他们，鼓励他们。

保持连接不间断

最近，我在给一群高管讲授"期望法则"。讲授时，我的手一直放在一位高管的背上。我希望给人们一个视觉上的印象，就是领导者需要与他的下属保持联系。他们必须始终感受到来自领导者的温和的压力，以提醒他们继续前进。为什么呢？因为在我们把领导力之手从大多数人的背上移开的时候，他们马上就停滞不前。说到期望，领导者永远不会考虑的是，设立期望而弃之不用。当人们偏离轨道时，他们很少引导自己前进或纠正自己回到正确的轨道。

如果你是家长，你曾给孩子重复了多少次你是家长？几十、几百、几千？连接的稳定性直接影响结果的稳定性。作为领导者，当我们保持联系时，有两件事就会得到沟通。

团队成员们会不断被提醒要努力实现期望，同时领导者恰好知道他们应该如何回应，这样即使他们之间有障碍，问题也可以立即解决。

我的朋友凯文·特纳（Kevin Turner），是微软的前任首席运营官，城堡证券（Citadel Securities）的现任首席执行官，他说："人们希望通过他们的意向被评判，而不是行为。"我认为这是正确的。他们也想被授予权力，但他们往往最需要的是责任。而保持不间断的联系和温和的压力，既能够提供鼓励又能够保证权责一致。

问"你愿意我来帮助你吗"

如果你对你的员工设定了期望，他们却不接受，那么他们将永远不会成功。当你问他们是否会接受你帮助他们时，你就能衡量他们参与和承诺的程度。让他们自己说出来他们需要得到帮助去实现成长和改变，通过这种方式，你就得到了他们的完全认同。并且，如果他们不能坚持下去时，你可以让他们对原来承诺的事情负责。你不想把时间花费在被称作"爱问鬼"的人身上——只寻求建议但从来不照着做的人，你希望把时间花在那些愿意改变的人身上。

3. 挑战别人之前展现出坦率

要提升你的领导能力，你能做的最有价值的事情之一就是对别人真诚和透明，并愿意分享你的故事，特别是在你要求他们去尝试做一些有难度的事情之前。

我已经解释过，对领导者来说，重要的是问自己："我想让他们知道什么？想让他们做什么？"我还想补充一个领导者需要问的问题："我想让他们感受到什么？"

作为领导者，我们关注的往往是愿景、议程、项目、企业文化或者下一项任务。所有这些都很重要，而且我们还需要就此进行沟通。但我相信，只要是真实的，是充满率真也有脆弱一面的，就很有可能会影响他人，并让他们做好行动的准备。

为了获得领导公信力，有太多的领导者认为他们必须塑造一个完美的形象。他们认为他们必须始终展现最好的一面。他们不明白的是他们最好的一面是有缺陷的，因为他们不知道不完美的故事更能带来巨大的影响力。一个关于领导者奋斗、成长和进步的故事能够激励人们并改变他们的生活。

这需要勇气。西南航空公司（Southwest Airlines）的创始人罗林·金（Rollin King）曾说过："我们采用的理念是我们不会对员工隐瞒任何事情、任何问题。"员工尊重那些讲真话，但仍然坚守愿景并一直带领着团队前进的领导人。

当我邀请约翰·C.马克斯维尔团队里经验丰富的培训师对巴拉圭进行改革时，我感受到了坦诚对团队成员的影响力。正如我在第五章中提到的，目标是在五年内培养七十万名领导人。我的愿望是，让两百多名培训师放弃他们一周的时间，自费前往亚松森，参与每天工作十二小时、为期一周的圆桌会议主持人培训。

但在向他们发出邀请之前，我首先说明了这一愿景的重要性，而这一点也正是我内心深感忧虑的。这个国家的总统邀请我来，并对我

> **我们采用的理念是我们不会对员工隐瞒任何事情、任何问题。**

期望很高。我知道这次行程将是漫长且艰难的。改变一个国家的可能性很小，因为我之前从来没有进行过这种高层次的项目，而且我们面前还有很多未知的东西。我感到焦头烂额，而且在我这个年纪，我不确定我是否能完成这个项目。但是我和他们分享了所有想法，并告诉他们我别无选择，我觉得很有压力。我打算领导这个项目，宁愿尝试一些重大的事情，也不愿意在一些较小的事情上取得成功。但是要做到这一点，我需要他们的帮助，于是我问："谁愿意和我一起分担这个重担？"

二百五十名培训师接受了挑战，并同意进行文化差异的调整，同意为这个项目提供时间和金钱，同意分担任务压力。结果怎样呢？2016年年初，培训师们前往巴拉圭，不到一周的时间，他们就培训了一万七千

多名的圆桌会议主持人，这些
努力最终促进了七万人在圆桌
会议上，学习价值观和有意识
的生活。转变已经开始了。

> 愿景的重要性说明领导者应具备两个不可或缺的素质：坚持不懈和斗志昂扬。

　　如果你是一个领导者，
只看到愿景是不够的，还必须感受到这一愿景。如果你只看到它，你可能会分心而忽略它。但是，当你感觉到它时，你就不会轻易地忽略它。愿景的重要性说明领导者应具备两个不可或缺的素质：坚持不懈和斗志昂扬。如果你勇于面对挑战，并承担起愿景的重担，那么它将使你成为一个成熟的领导者。此外，如果你对愿景的感受是坦诚的，那么，追随者们就会被激励去接受它。

4. 先人后己

　　有关领导能力的提升，我想和你们分享的最后一件事，就是在 1976 年我学到并付诸实践的一个经验。四十年来，我一直在不断地为这个领导真理的大厦添砖加瓦，我相信如果你们以此为基础，你们必将成为一个更好的领导者。现在你们需要做的就是把你们的领导力从"我"转变到"我们"身上。

　　在我的职业生涯初期，我的领导方法都是关于我自己的。我所做的一切都只是想知道："这个人想听我的愿景吗？他想帮助我的团队吗？他想帮我吗？他们能为我做些什么？"当我的注意力开始集中在提升别人能力和授予别人权力时，情况发生了变化。二十年过去了，我一直专注于为他人服务，并有意地提升他们的价值。

　　如果你还没有做到的话，那么，我想鼓励你做同样的转移：从我到我们。为什么呢？我相信这三个因素会让你想要改变：

现实——随着挑战的扩大，团队合作的要求也随之提升

我的梦想比我大，你的梦想也比你大。每一个有价值的梦想都比最初拥有它的人大。当我们认识到这一事实的时候，它就能促使我们去寻求他人的帮助。

而且，我确实很喜欢帮助别人实现他们的梦想，就如同我喜欢组织一个团队来实现我自己的梦想一样。我还发现，我经常能洞察到其他领导人需要什么才能实现梦想，并且能够帮助他们实现梦想。作为一名演讲者，我有时处于独特的位置，可以为别人做一些他们不能为自己做的事情，比如在他们的员工面前赞扬他。我喜欢那样做。

最近，我有机会和瑞克·亨德里克（Rick Hendrick）做这件事，他是亨德里克汽车集团（Hendrick Automotive Group）、亨德里克赛车中心（Hendrick Motorsports）的老板。我代表约翰·C.马克斯维尔公司对他的员工进行培训。作为培训的一部分，我还采访了亨德里克，并做了笔记。我想在瑞克的团队面前赞扬他。因此在培训结束时，我告诉为瑞克工作的数百个领导者：我想分享一下那天采访瑞克所学到的东西。

现场顿时鸦雀无声，我知道他们都很惊讶。因为我被认为是一个领导专家，亨德里克先生请我去教他们，而我却要分享从他们老板那儿学到的知识。通过这件事，我让他们知道我很尊重和钦佩瑞克，而且他们也很喜欢这样。这使他们更想努力为他工作。

成熟——除了一个小小的例外，世界是由其他人组成的

我把成熟定义为无私。如果你重视别人，那么就能从别人的角度来

看待事物。这意味着建造梯子，是
为了方便别人爬，而不是自己去爬
梯子。作为梯子的建造者，意味着

> **我把成熟定义为无私。**

我的成功来自帮助别人获得成功。我可能帮助别人一路爬到顶端，或者
帮助别人爬上一两级阶梯，那些都不重要。只要他们愿意爬，我会竭尽
所能。如果我无力帮助他们更进一步，或者他们已经超过了我，再或者
他们需要一种不同的专业知识，我就会退出。

我最近和一个我非常尊敬的人做了这件事，她想知道我为什么要
"甘为人梯"。于是我告诉她："在合作关系里，如果我开始受益比
你多，那么我就不会继续下去了。"我想要给别人带来的价值超过他
们给我的价值，至少，我希望它是平衡的。当然理想情况下，我愿意
得到更多一点。

盈利能力——用你付出的，而不是得到的来衡量成功

长期以来，我的最大的愿望就是提升别人的价值，而不是赚钱。可
能因为我刚开始是一个牧师，而且我从不认为金钱是衡量成就的一把好
尺子。无论你从事什么职业，你都应该根据你能够帮助他人的多少，来
判断你的成功与否。最终，生活是以人为本的，永远不要忘记。要照顾
好的是你的员工而不是你的事业。

最近，我公司的首席执行官马克·科尔给我上了一课，他说，与我
共事十多年，他受益匪浅。他演讲的题目为"约翰·C. 马克斯维尔的人
生：充分考虑员工利益"。演讲中他讲了三件事：

（1）永远不要把重点放在赚钱上——要注重于发展人。

（2）永远不要把重点放在创业上——要注重于造就人。

（3）永远不要把重点放在产品上——要注重于培养人。

我认为这不是我的功劳，但是我确实认同它。

如果为了提升你的领导能力你愿意这样做，甚至为了别人的利益和别人能力的提升你也愿意这样做，那么你会发现你的生活非常有意义。我知道我会这样做，而且我培养的那些人让我想起了我为什么一直这样做。当我写到这儿时，我正握着一支钢笔，是我的员工送给我的，上面写着"你照亮了我们的生活"。这就是我想一直做的事，给别人的生活增添亮点，我希望我的人生能给别人带来价值。

在我六十九岁生日时，我的朋友约翰（John）、塞莱斯特·李（Celeste Li）与其他几位朋友为我举办了一个亲密的晚宴，使我感到很惊喜。每个人都很和善，我们玩得很开心。当时，弗兰克·班茨（Frank Bantz）站起来致祝酒词。后来他把祝酒词给了我一份。他是这么说的：

我们的生活就像习以为常的呼吸一样，

然而只有你的身影带领大家不断成长，

肩负着提升他人领导能力的使命，

你种下的种子正在飞速生长，

你最好的作品和智慧还有待完成与发挥，

未来的生活依然精彩无限，

当你踏入六十九岁的新起点时，

上帝已为你描绘好了新的蓝图。

我不知道你多大了，我现在快七十岁了，我遇到的每个人似乎都比我年轻，但是，不管你多少岁，我想问你一个问题：你希望你的人生是为什么而奋斗？当你变老，接近生命尽头的时候，你想在这个世界上产生什么样的影响？我希望你会选择提升他人的价值，而且我希望你会选择成为一个更有能力的领导者。你越突出，你所能产生的积极影响就越大。

关于领导能力的问题

1. 你花了多少时间和精力来提升你的领导能力？到现在为止，你一直在考虑什么重要事项？如果你愿意使它更重要，你打算怎么做？

2. 你在与人沟通和要求别人改变的事情上做得怎么样？你在其中一方面做得比另一方面更好吗？对于做得不太好的一面，你会怎样改进呢？

3. 你应该做出什么改变？特别是在你的领导下，你能够采取什么具体措施让别人胜过自己？

PART
3

选择：

做让能力最大化的事情

**Choices: Do the Things That
Maximize Your Capacity**

即使无视今天，明天也一样要面对应当承担的责任。

——亚伯拉罕·林肯

　　《从优秀到卓越》一书的作者吉姆·柯林斯曾说过："卓越，并非环境的产物。事实上，卓越的形成更多是因为慎重选择与坚守原则。"这个道理同样适用于能力。能力提升取决于做出正确的选择。"选择"一词，意味着我们拥有其他可能性。事实的确如此。在你的一生当中，你希望自己能够拥有多少种能力？你拥有选择能力的能力，同时也拥有选择能力的权利。在本书的前述章节中，我曾经向你介绍过能力方程式：

认知 + 才能 + 选择 = 能力

　　认知，是我们习得的某些东西。才能，是我们已经具备的天赋。而选择，则要将我们习得的和我们已经具备的合二为一。
　　接下来，我们要探讨九大具体的选择，你可以用它们提升你的能力。在此之前，我要先告诉你一个策略，对这九个选择都有用。我管它叫作"五大法则"。"五大法则"是我从《心灵鸡汤》（*Chicken Soup for the Soul*）的作者马克·维克多·汉森（Mark Victor Hansen）和杰克·坎菲尔德（Jack Canfield）那里引入的概念，不过，我在其中加入了自己的理解。

假设，你想要砍倒你家院子里最粗壮的那棵树。想象一下，那可是你有生以来见过的最粗的一棵大树。你不禁暗暗嘀咕：这么粗的大树，就凭我自己，绝对砍不倒它。这棵树实在是太大了。那么你准备如何完成任务呢？我给你一个建议，那就是采用"五大法则"。每一天，都带着你的斧子走向那棵树，砍上五斧头。可能你会怀疑：就这么简单？是的，就这么简单。简单，正是该法则奏效的原因。只要你每天都对这棵大树砍上五斧头，周周月月年年，持之以恒，总有一天，那棵大树能够被你砍倒。

这个方法真是放之四海而皆准，并且屡试不爽，你可以将它用在任何地方。为什么？因为在你想要完成不同任务时，无论你需要什么，"五大法则"都能够帮上忙：

1. 意向明确——你要完成的工作是什么？砍倒一棵树。

2. 实践操作——你将如何完成这项工作？挥动斧头。

3. 焦点中心——有多少棵树？选出其中一棵，不要将精力分散在很多棵树上。

4. 采取行动——需要挥动几次斧头？挥动五次斧头。

5. 持之以恒——多久砍一次呢？每天都要砍。

结果会怎么样？树会被砍倒。砍树的过程需要一定时间，时间长短和这棵树的尺寸有关，但它终究会被砍倒。

为了将我们的能力发挥到最大，我们必须准确选择目标，确定我们的"斧子"（如何操作），每次只把焦点关注在一件事情上。

　　然后就是每天不间断地执行。这就是我们无法充分发挥能力的原因。我希望，这本书能够帮你找到你的"斧子"，同时能够启迪你找到做出选择的灵感，帮助你挥动"斧子"。每天持之以恒，你的能力一定能够得到极大的提高。

　　本书接下来的九个章节，会帮助你在九个关键领域通过做出正确的选择，将你的能力最大化。这些领域并不是技能或才能之类的，它们是生活的选择。你与它们接触得越多，并学着热衷于它们，你的能力就会变得越大，你的成就也会越大。下面就是我所说的九个选择：

　　责任能力——选择对你的人生负责

　　品格能力——选择要基于正确的价值观

　　富足能力——选择相信一切都很充足

　　自律能力——选择专注当下并坚持下去

　　意向能力——选择有意识地追求人生的意义

　　心态能力——选择积极向上，无论什么情况

　　风险能力——选择走出你的舒适区

　　成长能力——选择关注你能走多远

　　合作能力——选择与别人合作

　　在你探索这些领域的能力时，我希望能鼓励你做出正确的选择，帮助你成为你能够成为的那个人。每一天都做出正确的选择，让你的能力最大化，这有助于你有朝一日发掘你的潜力。翻开下一页，开始探索第一个选择吧。

10

责任能力——选择对你的人生负责

哪个字眼让人感觉厌烦、无聊？责任。在你人生的各个不同阶段，这个词都可能是你从权威那里最常听到的词。这个词一点都不性感、无法令人感到兴奋，但无论怎样通过选择来激发你的个人潜能，我却想要在本书的这一部分中，最先讨论它。为什么？因为在我们的人生中，责任一词是其余诸多选择的基础。

并不是每个人都明白这一点。很多年以前，我曾读到过一篇文章，讲的是有个男人感觉世界上所有人都欠他的，都应当对他负责，包括上帝！文章如下：

锡拉丘兹（Syracuse），纽约州［美联社（AP，Associated Press 美国联合通讯社）］一名宾夕法尼亚男子提起诉讼控告上帝，被拖出了锡拉丘兹法院。

唐纳德·德鲁斯基（Donald Drusky），六十三岁，宾夕法尼亚州东麦基斯波特（East McKeesport）市人，指控上帝在他与他的前雇主——那家现名USX集团的钢铁公司——纠缠的三十年间，没有让正义站在他这一边。

那家公司在 1968 年解雇了他，当时该公司名为美国钢铁（U.S. Steel）。

"被告上帝是宇宙至高无上的法则，却没有给予他麾下教堂与国家的领导者正确的指导，以致令他们犯下了严重的错误，毁掉了唐纳德·德鲁斯基的人生。"诉讼中写道。

德鲁斯基希望上帝能够将青春返还给自己，并赋予自己演奏吉他的技能，成为著名的吉他演奏家，同时希望上帝能够令他的母亲和他的宠物猪死而复生。如果上帝没有在法庭上现身，根据民事诉讼法联邦法规规定，上帝就直接输掉了这场官司，德鲁斯基争辩道。

美国地区法官诺曼·莫德（Norman Mordue）于上周发现了这起案件，案件起诉上帝、前总统罗纳德·里根和乔治·布什、电视网络、整整五十个州、每一个单身的美国人、美国联邦通信委员会（the FCC）、所有联邦法院，以及第一百届到第一百零五届国会，并指控上述被告轻佻。

对自己的人生负责的理由

如果一个人不知羞耻地逃避责任，那么嘲笑他很容易。但事实上，我们所有人身上都有着这样一种倾向：因为自己身处的环境，甚至因为我们自己的选择而责备他人。如果我们想要提升自己的能力，想要经历不设限的人生，那我们就应当克服这种倾向。

承担责任，或许不是最令人兴奋的事，却是最有影响力的事。所以，一旦你主动做出选择，绝对能够提升你的自我满足感，同时你也一定会发现成功将接踵而至。原因如下：

1. 责任为你的成功铺垫基石

小说家、编辑迈克尔·柯达（Michael Korda）认为："要在任何专业领域获得成功，都需要你接受责任……归根到底，所有成功人士都具备一种素质，那就是承担责任的能力。"二十

> 要在任何专业领域获得成功，都需要你接受责任……归根到底，所有成功人士都具备一种素质，那就是承担责任的能力。
>
> ——迈克尔·柯达

世纪最伟大的领导人之一温斯顿·丘吉尔，曾经表达过相似的观点："伟大的代价就是责任。"这个观点适用于丘吉尔领导英格兰抵御德国入侵的二战期间，同样也适用于当前这个时代。

从我刚刚记事起，作为一个孩子因为责任而获得的尊敬微乎其微，但我已经开始明了责任给一个人的人生所带来的积极影响。我的父母之所以努力工作，也正是希望能够为我和我的人生做出强有力的铺垫。我的父亲经常对我引用《圣经·路加福音》第十二章的一句话："多给谁，就向谁多取。"现代版的说法是："大的能力意味着大的责任，能力越大，责任越大。"孩提时代，每当我试图逃避责任时，总能听到这些语句在我脑海中回荡。

在我职业生涯的初始阶段，作为一名年轻人，我曾四处寻找机遇并试图把握住它们。在真正把握住机遇之前，为了锻炼对成功的渴望和野心，我会常常问自己："我愿意在这里签名吗？"换句话说，我是否承担得起与机遇相伴而来的或好或糟的一切后果呢？对这个问题的回答，

往往会促使我放开手中的机遇，转而采取其他的行动方针。

迄今为止，这个问题我已经问过自己千百遍，在自问自答了五十年时间后，我想知道的内容，都写在了下面。

- 机遇的大小与要承担的责任成正比。
- 忽视责任必然会导致错失机遇。
- 明天的机遇取决于明天你的责任强大与否。

成功人士取得成功的一个原因，在于他们发现并把握住了机遇。我们常常看到他们走入机遇之门，奋勇拼搏，同时我们会联想到自己，我希望自己也能有那样的机会。我们只看到了结果，却很少看到他们身上强大的个人责任，很少想到他们是利用这份责任才把握住了大把机遇。要知道就算是这些成功人士，没有责任也不可能提升自己遇到机遇的能力。

2. 责任让你能掌控自己的人生

2015年，我曾写过一本书《选择你想要的生活》试图帮助人们掌握他们的生活。最近，我发现有一位作家——罗山·D. 洪德克（Roshan D. Bhondekar）给出了佐证，我希望我能够把他的思想在这本书中分享出来。下面就是他的所思所想：

很多人都认为，生活对他们而言只不过是正在发生，无法由自己主观操控。他们的生活随波逐流，随着别人的行动而改变，无法自己掌握自己的生活。这样的人，如同大海上漂荡的一条无舵之舟，任由潮汐起伏带领他们去向未知的远方。这样的人，既不清楚自己将要去向哪里，又常常被带向他们原本不想去的地方。

就如同大海上的一叶扁舟，或早或晚总会被洋流缠上，最终触礁沉没。大多数人都更愿意有能力实现自己对航船的操控，越过险境，行驶到安全的水域中。人类都是如此。如果我们无法操控我们生活的方向，令自己置身于他人的恩惠之下，往往只能得到灾难性的结果。

掌控自己人生方向的方式就是对自己负责，对你自己每一天的行为负责。

那些拥有强大责任心并能掌控自己人生的人，往往能够得到戏剧般的结果。在最近的一次会议上，一位与会者与我攀谈时说道："十年前，您给予我的建议，那是我有生以来收到过的最棒的建议。"

出于好奇，我问道："我给了你什么建议？"

"您向我发起挑战，让我掌控我自己的人生，否则别人就会来掌控我。"她回答道，"我做到了，谢谢。"

现在我也想给你同样的忠告。掌控你的人生。你能掌控一切？不能，当然不能。但你可以选择掌控目前在你掌控范围之内的事情。

> 你可以选择掌控目前在你掌控范围之内的事情。

首先，明确一件事：你拥有选择的能力。然后，辨别出你的人生中哪些部分能够为你所掌控，哪些部分你无法掌控。一旦你开始做出选择，便是掌控的开始，你的生活就会开始改变。前第一夫人埃莉诺·罗斯福（Eleanor Roosevelt）曾经说过："长期看来，我们的人生由自己亲手塑成，我们亦是由自己亲手打造。"这个打造的过程，会贯穿我们生命的始终。并且，我们做出的选择，终究需要由我们自己来负责。

如果你曾经在某个时刻渴望从你的人生中逃离，那么现在就开始承担责任，开始打造你的人生。只要着手去做，你就能将这种颓废的诱惑从自己身上清除掉。一旦你给自己机会，去经历自己掌控的人生，你便开始真正拥有了你自己，无须得到别人的允许去做那些本来就适合你的事。这样一来，令你能力最大化的工作也就启动了。

因此，掌控那些你能够掌控的，不要试图去掌控那些你无法掌控的事物。希腊哲学家埃皮克提图（Epictetus）曾经说过："将你手中的权力发挥到极致，该来的总会来。"重要的是，明白你自身责任的上限。如果你还没有摸清自己的底线，盲目负责将会为自己招致许许多多不必要的麻烦。它们会消耗你的能量，更会常常令你感觉不知所措。

许多年前，我有一位责任心超强的女同事。她总是争先恐后地为他人承担责任，事情的发展却脱离了她的掌控。每隔六个月，她都会来到我的办公室，经由我的帮助，令她重建自己的责任。我要一再跟她确认：有哪些事情是她不必承担的。那几次对话结束时，她总会说道："谢谢，约翰，我觉得轻松多了。"承担你所应当担负的责任的确是通往成功的关键，但是试图掌控环境或他人，则是你必须卸下的负累。

3. 责任会树立你的自尊

为什么人们常常遭遇自尊心方面的问题？通常是由于他们的人生中没有责任这回事。小说家琼·迪迪昂（Joan Didion）宣称："一个人愿意为自己的人生承担责任，是自我尊重的源泉。"一旦发生了糟糕的事情，没有责任的人总会为了他们自己而选择责备他人，然后又换上一副

受害者的样子。这样的人绝
对无法成功，或者无法拥有
更大的能力。

> 一个人愿意为自己的人生承担责
> 任，是自我尊重的源泉。
>
> ——琼·迪迪昂

当你面对一个艰难的选
择时，你清楚怎样做正确，
并且也做出了正确的选择，此时此刻你的感受是什么？难道你的内心深
处没有充盈着满足感吗？难道你没有觉得自己非常强大吗？我自己就深
有体会。肩负责任的同时，不断做出正确的选择，这样的经历能够为你
的精神和情绪带来源源不断的动力，能够让你感觉到自己越来越强大，
越来越优秀。

当我还是个三十岁出头的小伙子时，曾有朋友为我提供了一个超级
难得的金融契机。当时，我和玛格丽特都很穷，所以我的朋友还答应：
只要我们愿意参与，便会借给我们此次交易运作所需的资金。

这一切太美好了，美好得简直不真实，我当然立刻就同意了。但就
在几小时之后，我开始犹豫。为什么？我的朋友很可能不得不包揽全部
工作，并承担全部风险，而我又很可能什么忙都帮不上。我觉得事情有
些不对。于是第二天，我再次对他为我提供的这个机会表示感谢，但我
告诉他，如果我没办法自己筹措到这笔买卖所需的资金，那我就不能
参与这次交易了。我希望能够对自己参与的部分负责。当时我已经意识
到，如果不是自己出资，即使这次交易成功，我也开心不起来。因为整
个过程都是他——我的朋友——在帮我担负风险，我没有承担起自己应
当承担的那份责任。

经过一个月的艰苦工作，加上多方筹措，我终于拿出了这笔钱。这
就是我的第一次金融投资，它令我感受到了极大的震动。得到这样的机

遇我当然高兴，但更令我高兴的是：我拥有了责任心。尽管经济上的回报非常丰厚，但这件事对我自尊心的建立才是我更珍视的回报。我希望，当你选择为自己的人生负责时，你也能够得到这样的回报。

4. 责任令你时刻准备行动

神学家、反纳粹主义者（anti-Nazi dissident）迪特里希·潘霍华（Dietrich Bonhoeffer）认为："思想不是行动的源泉，为一份责任而时刻准备着的状态才是行动的源泉。"责任能够帮助我们成长为做事积极主动的人，而一个做事积极主动的人往往能够将人生打理得井井有条。为什么？因为速度最快的人并非总是赢得比赛。赢得比赛的，往往是那个先行一步的人。往往是他们。因此，如果你想从人群中脱颖而出，不要考虑是否一定有所收益，是否能大放异彩，或是否能稳抓机遇，而一定要做那个第一个行动的人。

Roghu Korrapati是工程师、教育家，同时也是一名作家，在他撰写的《献给所有大学生的一百零八道智慧箴言》（*108 Peals of Wisdom for Every College Student*）一书中有这样一段话：

常言道，你的行动由你的思想塑造。但如果你无法对自己的人生负起责任，那些思想也就只能停留在你脑海中的舞台上，无法转变成你的行动。为你的人生负责是行动的额外因素，负责令行动变成了一件再自然不过的事。你并不需要全神贯注地思考、过于用力地期盼，你只需要改变消极现状，变得更具前瞻性就好了。

不论何时，只要面对问题，我都会将精力集中在事情本身上，同时提醒自己：我要为自己的行动负责。但如果我的责任心不足，哪怕我的反应力时刻以待，一旦人生需要行动，也只能瞄准、瞄准、瞄准……却始终无法开火。认清这个事实：仅仅做好准备是不够的，只有具备责任心才会令你更具行动力。

5.　责任让习惯为你服务

是好习惯，还是坏习惯？当然，这取决于是什么习惯，同时还取决于这些习惯为我们带来了什么，或令我们损失了什么。

当我们为我们的各种习惯注入责任时，能够令这些习惯更为积极，令它们为我们效力。

那些积极的习惯往往源自我们曾经做过的决策（像是"我已经决定要定期锻炼"），之后则是责任令我们日复一日地坚持下去。当我们做出一

> 如果疏于管理，明智的决策也会消亡。加以管理，这个决定才能存活下去。

个出色的决策，并开始一天接一天地管理这个决策时，往往能够迎来积极的结果，好习惯便会随之养成。如果疏于管理，明智的决策也会消亡。加以管理，这个决定才能存活下去。这就是为什么，决策管理几乎与决策制定同等重要。

相反，当我们置责任于不顾，疏于对我们的积极习惯进行每日管理时，诸如拖拖拉拉、理所应当和爱找借口这样的消极习惯就常常会占上风。用不了多久，那些坏习惯就会成为我们的主人。

比如，爱找借口就是阻碍你通往成功的一个坏习惯。总是爱找借口，会令我们的头脑制造出理由，以避免为我们的人生承担责任。每当我们寻找借口，我们就错失了一次从失败中学到经验的机会。借口，会令我们惯于责怪他人、抱怨环境，令你失去改变你人生的力量。

另一个消极的习惯是总感觉自己理所应当，总觉得无论我们是输是赢，都应得到奖励。不论在工作中我们表现得是优秀还是自私，都应得到表扬。关键是，当我们觉得理所应当，就会希望在人生中得到他人的帮助，而无须我们自己付出努力。再强调一次，理所应当这个坏习惯会控制我们，并让我们远离责任。

> 连足球弹跳轨迹都抱怨的人，很可能就是丢球的那个人。
>
> ——卢·霍尔茨

最近，我有机会同卢·霍尔茨（Lou Holtz）相处了一段时间，他是一位出色的领导者、一位技艺精湛的足球教练，人也非常风趣。他说道："连足球弹跳轨迹都抱怨的人，很可能就是丢球的那个人。"偶尔传丢一次球没什么，我们都会丢球。但是，当球传丢时，就责备别人，抱怨他们没有接好，这就不对了！

放弃承担责任，也是一种选择。我们同样要为这个选择负责。试图逃避责任的行为就如同醉酒开车。很明显，在一起致命车祸中，醉酒司机无法承担本应承担的责任，正是因为他处在醉酒状态。法律也有争议，在他开始喝酒之前，他可以为车祸负责；一旦他开始喝酒，便等同于选择放弃承担责任。他应当为自己后续的行为负责。

为了养成能够帮助我们的好习惯，我们的首要责任就是防止失败发生，别让那些（由消极习惯所带来的）失败威胁我们、定义我们。同时，开始进行选择，并管理这些选择。只有做出选择，才能让我们最终意识到我们是谁。当我们选择承担责任的那一刻，这一切才会开始，才能让我们获得掌控我们习惯与生活的力量。

6. 责任会为你赢得尊重与权威

尊重无法通过给予获得，也无法通过馈赠获得，只有走出困境才能赢得尊重。我常常听到领导层哀叹他们的权威多么单薄。问题出在哪里？他们把头衔看得太重，却没有通过承担责任的行为赢得权威。彼得·德鲁克曾写过："管理并非大权在握。管理只需责任。"我认为的确如此。

我们总是希望，获得尊重的路越顺畅越好。我们回避本应面对的棘手交谈，希望我们遇到的问题都能够顺其自然地得到解决。那怎么可能呢？《信任的速度》一书的作者史蒂芬·R. 柯维，曾就处理棘手交谈一事这样写道：

说出你心中所想。不要对你的议事日程遮遮掩掩。当我们开门见山地交谈，我们只说真话，表达直觉。大多数员工不会认为他们的老板们会真诚沟通。这就令信任的成本增加了。信任的速度降低，而信任的成本上升。我们大量的时间都花费在从拐弯抹角的话语中探寻对话者的真意上。

作为一名年轻的领导者，我总是希望人人都开心。大多数时刻，我都只和别人说他们想听到的话，而不是他们应该听到的话。优秀的中层领导者应当具备说出冷酷真相的责任，曾经的我却没有承担起这份责任。毫无疑问，我在自己和别人之间亲手制造出了信任成本。

如今，我乐于承担责任，每一天都渴望赢得他人的尊重。这种渴望也会时不时经受考验。那是许多年前发生的事了，在一次金融会议上，我和我的朋友托德·邓肯（Todd Duncan）约定了一个演讲。在此之前，我已经和托德谈过多次，我也一直非常期待能够为来听演讲的人们提供帮助。我演讲的题目是"今日事"（Today Matters）。但就在我演讲的时候，我总感觉哪里不对劲。演讲并不糟糕，但我只能说，这次演讲并没有像我预想的那样帮助到前来听讲的听众。

根据行程安排，演讲结束后我要和托德一起共进晚餐，然后搭乘当晚晚些时候的飞机离开。在去吃晚餐的路上，因为我心中的别扭劲总是盘桓不去（我感觉自己的胃不太舒服），所以给琳达打了一通电话。

"琳达，你能帮我查阅一下去年我为托德集团做的演讲题目吗？"我问道。

"当然可以，稍等片刻。"我能听到琳达敲击电脑键盘的声音，"你当时的演讲题目是'今日事'。"

我哑口无言。

晚餐时，我对托德表示我很抱歉。

"没关系的，约翰，"托德和气地说，"同样的演讲听两次感觉还是挺不错的。"

当时托德很宽容，但我知道我并没能帮到他，或者说没能够按照他的预期帮到他。我应当对这件事情负责。第二天重新为他做一次演讲也不现实，因为日程表已经排满了。

"托德，我希望明年还能回到这里来，我全程自费，演讲也不收取任何费用。算我欠你的。"他当时试图打断我，"同时，我希望明天一早，能在你的晨会开始前，向你的员工表达我的歉意。"

"道歉这件事，我可以代你做到。"

"不，我是犯错的那个人，我需要亲自向他们道歉。"而我也的确这样做了。我改签了机票，多住了一晚，向两千五百名听众致歉，为我的演讲重复了一年前的内容而道歉。

那天早晨的晚些时候，在我乘车去往机场的路上，我心里意识到我做的事情是正确的。我的确曾犯下了错误，但我承担起了责任，并尽我所能竭力做出补救。而我也真的在第二年返回他的公司，为托德的员工们做了演讲。而且你要相信，演讲的题目肯定不是"今日事"。

埃里克·格雷坦斯在他的《适应能力》一书中曾对负责的底线展开过描述。他说道："愿意承担越多责任的人，所具备的适应能力也就越强。而那些不愿意对他

> 适应能力的根本在于自动自发地为结果承担责任。
>
> ——埃里克·格雷坦斯

们的行为、生活、幸福承担责任的人，生活往往会更为无情地打击他们。适应能力的根本在于自动自发地为结果承担责任。"这种自动自发也是获得能力的根本。

关于责任能力的问题

1. 以前，你是否将承担责任和提升能力联系起来？你认为，变得更有责任心对你的个人生活和职业有什么具体帮助？

2. 以一到十来度量，说到准备采取行动，你会给自己打多少分呢？承担更大的责任会让你的行动意愿增强多少呢？

3. 如果承担更大的责任会促成一些习惯，你想要培养什么积极的习惯呢？要开始这些习惯，你必须做什么样的决定？要管理好这些决定，你必须每天采取什么措施呢？

11

品格能力——选择要基于正确的价值观

约翰·C.马克斯维尔团队每两年举行一次活动，参加的人有认证教练、老师和演讲者。我经常作为演讲人参与其中。这些年来，我

> 我们的价值观决定我们的品格，我们的品格决定我们的人生走向。

的授课主题一直在变，主要取决于我在那个时期所研究的内容。但是有一个内容我每年都会讲到，而且我会一直保留下去，这便是：价值观课程。为何如此呢？原因在于，我们的价值观决定我们的品格，我们的品格决定我们的人生走向。我希望这些受到认证的教练可以展示好的品格，向着积极的方向前行。

价值观——品格的基石

年近古稀，我逐渐发现价值观在我生命中的影响越来越深刻，越来越强烈。我不再依赖一贯的想法，当然随着年龄增长，我的想法逐渐减少。想法和价值观有何区别呢？价值观不会变来变去，而想法总是在

变。每次学了新东西，你的想法也会随着调整。在我的生命历程中，随着学习和阅历的增多，有些先前的想法也会随之抛弃。

比如说，在我二十多岁的时候，我坚信环境在一个孩子的成长历程中起着最重要的作用，而基因并不是至关重要的因素。后来，玛格丽特和我收养了两个孩子：伊丽莎白（Elizabeth）和乔尔。没多长时间，我们就意识到了基因的强大力量。我观察了我哥哥拉里和我姐姐翠西的孩子，我可以清楚地知道他们在做什么，为什么要这样做。他们完全是马克斯维尔模式。但是，当我观察伊丽莎白和乔尔的时候，我搞不懂他们在干什么，更不清楚他们这样做的原因。我逐渐意识到他们身上的有些品格和行为是根深蒂固的，是无论玛格丽特和我做什么都没办法改变的。

如今，我们这两个孩子都已到了而立之年，成家立业，事业有成。他们也有了自己的孩子。而玛格丽特和我也不再认为环境在养育孩子的过程中起着至关重要的作用。这是由于生活经历而改变了以往秉持的想法。

如今，我对许多事情的确定性不那么感兴趣了，而对少数重要事情的明晰度更感兴趣。虽然我笃定的事情越来越少，但我生命中清晰的事情越来越多了。最能帮我看清楚的便是我的价值观。

> 如今，我对许多事情的确定性不那么感兴趣了，而对少数重要事情的明晰度更感兴趣。

为何如此强调价值观呢？因为价值观是品格的基石，而品格是成功的基石。

品格——成功的基石

在之前的篇章中，我们谈到为何"责任"不是一个那么令人激动的词，品格亦是如此。品格的养成并不华丽，也不激动人心。因为这并不是我们会定期添加到年度目标中的事项。但我觉得，这是我们人生中最重要的两三件事情之一。

接下来我会讲到为何品格是如此重要，为何有必要培养品格能力：

1. 良好的品格是你每天都可以做出选择

《高效能人士的七个习惯》的作者史蒂芬·R. 柯维曾经说过："在实现价值观的过程中，你的本体感、诚信意识、控制感、主观意识会逐渐浸入你的思维，或愉悦或平和。你会从内心认识你自己，而不是通过他人的评价和对比认识自己。"柯维的表述恰好说明基于价值观做出的选择才能塑造良好的品格。

每天，你不是在拓展品格，就是在萎缩品格。当你基于积极的价值观选择做正确的事情，你的品格将会拓展。每次正确的选择都会促使你做出其他正确的选择，甚至更有难度的选择。相反，如果你选择抄近路，在价值观上妥协，或是明知正确的事情而不去做，你的品格便会萎缩。当品格变得越来越懦弱的时候，你便越难做出正确的选择。

著名连锁餐馆Chick-Fil-A 的创始人特鲁特·凯西（Truett Cathy）曾经说过，致力于变得更好远比致力于变得更大重要得多。他是在商业背景下做出的表述，而他的连锁餐馆在他去世的时候市值也已超过四十五亿美元。如此看来，他的观点是正确的。其正确之处在于：我们应该更加关注影响内在的那些选择。

每天你在关注什么？是让你的工作更加有利可图？是让公司变得更强大？是扩大你的机构组织？还是让你的品格更加完善和深刻？你的选择将会决定你成为什么样的人。

2. 良好的品格胜于雄辩

几年来，我有幸接受加州大学洛杉矶分校（UCLA）的传奇篮球教练约翰·伍登的指导。他说过："更多地关注你的品格而非你的荣誉，你的品格所展现的你才是真实的你，而荣誉是别人对你的看法。"

内心深处我们是谁，远比别人如何看待我们更加重要。亚伯拉罕·林肯说过："品格像是一棵树，而荣誉只是这棵树的影子。影子是别人对我们的看法，树才是真实的自己。"品格反映的是真实的我们：心理素质和道德品质让我们成为真正的自己。这才是展现给他人真实的自己，远比来自自己或是来自他人的评价更有说服力。你的品格将你展现给这个世界。

最近，同我的朋友琳达·卡普兰·泰勒共进晚餐，琳达是广告公司的首席执行官，设计了美国家庭人寿保险公司（AFLAC）的鸭子形象。她给我讲了一个发生在她儿子迈克尔（Michael）身上的故事。迈克尔是个很有天赋的象棋手。他六岁那年参加了全国象棋锦标赛，在最后决胜局的时候，他的对手走了一步定胜负的制胜棋，但是没有按下用来记步数的计时器。

迈克尔看了一眼对手，提醒道："你没有按计时器。"对手随即按了计时器，迈克尔输掉了比赛。

后来琳达对儿子说："迈克尔，如果你没有提醒对方，你就赢了。"

迈克尔看了看琳达，回答道："妈妈，我觉得那也不算赢了比赛。"

那天，迈克尔输掉了比赛，但是他的品格会让他在未来赢得更多比赛。

3. 良好的品格在生活的各个方面始终如一

当一个人具有良好的品格，他会在生活的各个方面表现得始终如一，无论是什么情况、什么设定、什么背景之下，都始终如一。

十几年前，我曾和劳伦斯·J. 克什鲍姆（Laurence J. Kirshbaum）在纽约市共进晚餐。那个时候，他还是时代华纳图书集团（Time Warner Book Group）的主席兼首席执行官。交谈中，他抛给我一个想法：

"约翰，我一直希望能有一个作者写一本关于特定话题的书，我觉得你是一个很好的人选，你觉得写本关于商业道德的书怎么样？"

"没这个东西。"我回答道。

"没什么？"他问，"什么意思？"显然，他对我的回答有点出乎意料。

我继续解释道："根本不存在商业道德，有的只是道德。人们想设定一系列的道德分别适用于专业领域，如精神生活，或是家庭关系。这会让人们陷入麻烦。道德就是道德。如果你想成为一个有道德的人，那你就要在各个方面秉承统一标准。"

好的品格在各个方面都是统一的。正确的事情恒对，错误的事情恒错。具有良好品格的人是始终如一的。如果一个人想要用不同的标准面对不同的人和境遇，那他的生活会支离破碎。

4. 良好的品格带来信任

当一个人过着支离破碎的生活，人们不知道该对他抱有什么期待。人们不清楚，此人会在特定的环境下做何反应。相反，一个秉承良好品格、始终如一的人反而会赢得人们的信任。因为人们知道这个人言行一致，会信任他，相信他说的话。

无论什么时候，你对别人许下承诺，你就创造了期望。如果你恪守了这个承诺，你就创造了信任。良好的品格会让你在这个过程中谨遵诺言，得到信任。为什么这

> 无论什么时候，你对别人许下承诺，你就创造了期望。
>
> 如果你恪守了这个承诺，你就创造了信任。

些如此重要呢？之前在人际关系能力的篇章中提到，一切关系都建立在信任之上。因此在培养品格能力的过程中，你也建立了提升人际关系所必备的信任感。这个过程不仅提升了你的生活品质，同时会提升你在专业领域的人际关系，其中便包含领导力。信任缺失，领导力消退。

5. 良好的品格在患难时接受考验

我曾经读过一个故事，主人公是两个古稀之年的老人——约翰和乔治。从高中时代，两人便是朋友，但是两个人都固执己见。因此，他们总是在争执，经常一冷战就是好几个星期，谁都不和谁说话。

一天，他们又因为琐碎小事辩论起来，彼此出言不逊，后来便分道扬镳了。这次，两个人冷战了几个月的时间。

但是后来，乔治生了重病。他把约翰叫到病床前来，表示想要在去世之前修复他们之间的关系。乔治拉着约翰的手，虚弱地说："约翰，我原谅你了，你能原谅我吗？"

约翰被朋友最后的表示深深感动了，但是，还没等他回答，乔治继续说道："还有一件事情，如果我这回病好了，最后没有死，今天说的话都不算数！"

这个故事听上去有点无厘头，但是说明了一个真理。逆境并不会塑造品格，反而会揭露一个人的品格。具有良好品格的人会宽恕他人，并释放友善的信号。就像甘地说的："弱者从不宽恕，宽恕是强者的属性。"

当你具备良好的品格，困难只会让你更加坚定。但如果你品格懦弱，困难会让你越来越受挫。为了培养良好的品格，你每天都在做出

> 弱者从不宽恕，宽恕是强者的属性。
>
> ——甘地

什么努力？你是否基于价值观做出了正确的选择？每次这样做，你都会变得强大一点。从现在开始，致力于培养好的品格，否则当风暴来临时再准备，一切为时已晚。

6. 良好的品格总是会让人走正道

很多人会以牙还牙，当然，这也是人的本性。一位知名的商人曾经

说："当别人对你恶语相向时，你也要以此回击，而且要直击要害，这样人们就不会再给你捣乱了。"然而这并不是我想要的生活方式。别人对我不好的时候，我不会以更糟糕的方式回击，反而想以更好的方式对待他人。我希望做人永远堂堂正正，我也想鼓励你们这样做。

父亲都为我们做了榜样，每天我都从他身上学到很多。二十世纪六十年代，父亲任俄亥俄基督教大学（Ohio Christian University）的校长。当时大学董事会的成员对父亲并不尊重，也从不考虑他的功绩。但父亲从未报复过，也从未针对他们说过负面的话。

有一次父亲在接受采访的时候被问到他对其中一个人的看法，这个人曾经对父亲非常不友好。但父亲在回答的时候只说这个人好的方面。随后，采访人说了很多这个人说父亲的坏话。你猜父亲会如何回应呢？父亲说道："你并没有问我他对于我的看法，你问的是我如何看待他。"

走邪道很容易，甚至没什么品格可言。走邪道的人总是：

- 一旦被误解，便会伺机报复
- 以牙还牙
- 太容易情绪化
- 被动不积极，而且……
- 过得并不比别人好

走正道的人就截然不同了。他们：

- 随时随地释放关爱和宽恕
- 从不对别人捣鬼
- 具有被良好价值观指导的品格
- 生活美满幸福

　　我承认，我不会对任何人都这样。但我一直在努力。当别人对我态度不好时，我会告诉自己这反映的是他们的素质，不应该是我的；当有人利用我时，我告诉自己这是人们为了让别人接近他们付出的代价；当有人批评我的时候，我告诉自己这是当领导者需要付出的代价。

　　我希望你也可以这样做。有时候你可能觉得受伤，觉得不公平，觉得自己被利用了。但是，难道你不想让世界变成一个更好的地方，帮助更多的人吗？

7. 良好的品格会兑现诺言

　　销售兼作家埃尔默·G.莱特曼（Elmer G. Leterman）说过："个性可以推开门，但只有品格才能让门一直开着。"为何会这样呢？因为品格可以兑现诺言。具有良好品格的人会说到做到。他们通常坚持到底，人们能信赖他们。

　　当你说要做某件事情的时候，你会坚持到底吗？你是可以信赖的人吗？或者人们有时候会担心你可能会放弃或者不按时出现吗？布克·T.华盛顿（Booker T. Washington）说过："品格就是力量。"一切尽力而为。

　　科学家居里夫人表示："只有每个人都有所提高，这个世界才会越来越好。因此，每个人都应该完善自己，同时认同全人类的责任感。"如果你想培养自己的品格，需要在四个方面保持一致：价值观、思想、感受、行动。如果你的

> 只有每个人都有所提高，这个世界才会越来越好。因此，每个人都应该完善自己，同时认同全人类的责任感。
>
> ——居里夫人

价值观是正确的，而其他三个方面也与之保持一致，生活中各个方面都能有所改善。

近来我发现一个很好的例子，能解释当人们培养良好的品格并做出理智选择时，他们的品格能力会得到提升。这件事发生在危地马拉。时间回到 2013 年，我所在的组织正在开展圆桌会议培训，这个培训我在第九章领导力能力章节中提到过。在危地马拉市，我们为受训人员开展了三十堂会议培训课程。一半课程是有关个人成长，另一半涉及基于价值观培养品格，这些品格包括责任感、谦逊、信任度、慷慨、道德、宽容、诚实和务实。我们在 5 月对上千人进行了培训，随后他们就在全国范围内开展了培训。如今，我觉得有超过二十万人参加过圆桌培训。

到 2013 年年底，我们开始收到一些好消息，品格培养给这个国家带来了积极的影响。例如，我们了解到危地马拉第二大银行有大概五千名雇员参加了圆桌会议培训，而那一年也是这个银行收益最好的一年。猜猜上升的趋势是从什么时候开始的呢？正是从 5 月，雇员们开始学习品格能力的时候，也就是说，他们在品格能力上面的提升直接拉动了公司的发展。

有一个更严肃的事情发生在危地马拉，为了反抗政府的腐败，人们进行和平示威。2015 年 9 月，人们通过和平示威将时任总统奥托·佩雷斯·莫利纳（Otto Pérez Molina）赶下台。随后，一名局外候选人吉米·莫拉莱斯（Jimmy Morales）赢得总统大选，他的竞选口号是"我既不是贪官，也不是盗贼"。到底和平示威同我们引入危地马拉的品格培养有没有直接关系呢？我不是很清楚。但是可以讲这样一件事情：西尔玛·阿尔达纳（Thelma Aldana）是危地马拉的司法部部长，也是她领导了此次的反腐败调查，一举扳倒了总统和副总统。在 2014 年没有被任命为部长时，她同其他司法人员一起参加了圆桌会议培训。也许她接受培训的这三十个星期多多少少也对她有所激励。

你愿意做这些平凡的事情去提升自身的品格能力吗？当然，这不会收获荣耀。但事实上，你可能是唯一一个清楚你所走过的每一步的人。我保证，你会有积极的结果和更美满的生活。

关于品格能力的问题

1. 你曾经明确过你自己的价值观，并记录下来吗？如果没有，现在就这么做。如果你这样做了，再回顾一遍。你的价值观现在还保持不变吗？

2. 说到通过选择性格，根据自己的价值观行事，从一到十分，你会给自己打多少分呢？如果不能给自己满分（谁可以给自己满分呢），你会做些什么改变来提高你的得分呢？

3. 与他人打交道时，你是经常走正道，还是走中庸之道，还是走邪道呢？为什么会这样选择呢？你会做些什么，让自己成为走正道的人呢？

12

富足能力——选择相信一切都很充足

以前我可不是一个典型的青少年。和大多数十来岁的孩子一样，我很排斥晚上睡觉。但是，我与众不同的地方在于我对早晨起床的反应。每天早晨我都醒得很早，而且一睁眼醒来我就会一个鲤鱼打挺从床上爬起来，因为我不想错过任何事情。现在想来，那时我又能真正错过什么呢？我的家在俄亥俄州瑟克尔维尔市（Circleville）一个寂静冷清的小社区里，那里只出产玉米。然而，当时我期待着每天都会发生什么奇妙或令人兴奋的事情，并且我想完整地经历这些事情的全过程。

我想，我生来就具有富足的心态。我的天性让我积极思考、信任别人、觉得自己和他人都挺好，并且享受生活。我喜欢有多个选择，而且我认为几乎任何事情都有可能。我的富足能力非常高。

我认识到，并不是每个人都这样想。另一个极端是有些人持有一种匮乏心态。富足的思考者认为，一个人所需的任何东西在这个世界上都绰绰有余；然而匮乏的思考者认为，一切都不够满足需求。富足的人爱说"可以"，匮乏的人则觉得自己被迫说"不行"。这两种人看世界的方式完全不同，而且这两个世界对彼此来说都一样真实。他们看到什么、体验到什么，以及成为什么人，都取决于他们看到哪个世界。

一次又一次，我观察到人们在这方面的视角控制了他们今天的生活，以及可能的明天。认为一切匮乏，会阻碍人们发掘他们的最大能力；认为一切富足，则会释放他们，去探索他们到底能走多远。我不知道为什么这样是正确的，但我知道事实就是这样。你的视角将决定你生活在什么样的世界中，而你选择的视角，决定你是一个富足的人还是一个匮乏的人。

你在这一方面如何思考决定了你的选择。这就是为什么你要想想一切是否足以满足需求，并集中注意力改变你的想法。富足思维会鼓励你做出一些选择，增加你的可能性。然而匮乏思维会导致你做出一些选择，减小你的潜力。富足心态向你大声呐喊："一切都绰绰有余。"匮乏心态则发出警告："快点，趁着它没有耗尽，尽力获取吧！"富足心态说："去吧，你会发现那些资源。"匮乏心态说："紧紧抓住你拥有的，因为没有更多资源了。"富足心态说："最好的日子在前面等着你呢。"匮乏心态说："就这样了。"我们会如何反应，取决于我们允许心中和自己说话的那个声音。

受匮乏思维的鼓动

就像我说的，我天生有富足思维的强烈倾向。然而，在我的一生中有三次重要的时刻，我情不自禁地想到的是匮乏，而不是富足。每一次都出现在我面临对人生中的大方向做出重大抉择的时刻。当遇到需要我做出改变的情况时，我总是想选择我所知道的安全的事情，而不是在一个潜藏着更大成就的新方向上奋力开拓。

第一次发生在我三十三岁的时候。那时我正管理着一个极好的教会，它的健康发展已经得到了当地人的承认。我在做着让我备感舒适的事情，和我喜欢的人们一块工作，并且他们也希望我能留在那里。但是因为我把教会发展并运用得非常成功，我获得了一个将我的领导理念推广出去的机会，也就是在更高层次上，将其运用到其他几十个教会。

我面临着一个决定。我是应该待在舒适的地方呢，还是奋力开拓一片新天地？人们想让我留下，这让我很难做决定。两年里，我权衡这两个选择，但最终我的决定落在了富足思维一边。我离开教会，去培训一个完全不同的机构里的领导人。

第二次发生在我四十八岁的时候。我又在掌管一个教会，这次是在圣地亚哥。又一次，那个教会蓬勃发展，我也非常喜欢那里的人。我们的工作得到了认可。教会里一位有影响力的作家已经确定那个圣会是美国十大最具影响力的教会之一。教会的创始牧师一直待在那里直到退休，我也可以做同样的事情。

然而，就在那个时候，我获得了一次机会，可以将我写的东西和演讲分享给更广大的听众，其中包括工商界，但是只有辞去教会的领导职务，我才能这样做。和以前担任牧师职务相比，这种转变可以让我接触到更多人。但是同样会有巨大的风险，也就让我产生了许多疑问。我放得下以前的职位和声望，然后从底层重新开始吗？面对全新的听众，我能取得成功吗？我能掌握所有应该知道的东西吗？那要花费多长时间呢？如果做出这一举动，我能取得哪怕一丁点的成绩吗？

最后，我没让匮乏思维带来的恐惧压倒富足思维认为的可能性，我辞去了教会的职务。

第三个诱惑出现在我六十六岁的时候。我向你们讲过罐子里的玻璃球的故事，已经对你们暗示了这一点。当时的生活很好，我开始倒计时，距离七十岁还有几年，想着到那个时候我就要离开我的那些组织了。正如我在故事中告诉你们的那样，比尔·希贝尔斯帮我打消了这个念头。因此我和迈克·凯悦（Mike Hyatt）好好谈了一次，他说我是我那些组织的脸面。我非常欣慰地"丢了我的玻璃球"，并再次选择了富足思维。如果我不致力于为领导者增加价值，不能在这个世界上有所作为，我无法想象这是什么样的生活。

"行"还是"不行"？

现在，我认为我已经非常清楚地理解了匮乏思维和富足思维这两个世界。总的来说，匮乏心态位于"不行"的那一边，意味着人们待在安全的地方守着，而富足心态位于"行"的那一边，意味着他们愿意尝试新事物。位于"不行"的那边大概是个什么样子呢？

- 它会限制你——它会引着你远离新的机会。
- 它很容易——当你说"不行"的时候，你不用做任何事情或去任何地方。
- 它很舒服——它感觉起来很熟悉。相比于接触新事物带来的兴奋，许多人更害怕失去已经拿在手中的小确幸。
- 它具有欺骗性——它看起来更安全，但实际上不是。正如作家史蒂文·普莱斯菲尔德（Steven Pressfield）说的那样："对我们自己撒谎是一回事，而相信它是另一回事。"
- 它很大众——普通人都是这么做的。

位于"行"的那一边大概是个什么样子呢?

• 令人兴奋——当一切事物都新鲜的时候,你需要依靠创新才能理顺它。这体现了作家和喜剧女演员蒂娜·法伊(Tina Fey)的人生哲学,她说:"先说行,然后再想办法。"

• 不断拓展——富足创造更多的富足。你的经历越丰富,你的潜能越大。

• 富于挑战——新道路不容易开辟。

• 回报丰厚——在"行"的那一边,通常会有更多的选择在等着你。

我意识到,"不行"不总是坏的,"行"并不总是好的,但是大多数情况下,过一种"不行"的生活会减少你的选择、机会和收获,然而生活在"行"的那一边,将会提升你和你的生活环境。当我在三十三岁变换组织的时候,情况就是这样的。我获得了一次机会,可以在更高层次上教授领导艺术,见证了我的领导原则应用于不同组织的许多种类的领导者,并且增长了见识。当我四十八岁的时候,情况也是这样,因为它让我成为一名最畅销的作者,将我的听众扩大了一万倍!六十六岁的时候也是这样。否则,我就不可能到危地马拉或巴拉圭,去帮助那些国家的人,我就不会帮助约翰·C.马克斯维尔团队发展到今天的地步。我的过去多次站在"行"的那一边,它给我带来了更多的选择、更多的机会和更多积极的成果,这比我生命中的其他任何时候都要多。

富足能力增强后的特征

就在最近，约翰·C.马克斯维尔团队举办了认证活动，我注意到保罗·马蒂内利的小组成立了一个咨询站，这样出席者就能够提问和得到解答。在他们的桌子后面是一个巨大的标志牌，上面写着："答案就是'行'。"我非常喜欢这种说法。它向每一个人表明："我们总会找到办法的。"

那就是富足能力强的人的思考方式。他们相信答案就是"行"。总能找到解决的办法。也许并不容易，也许不是最优选项，但他们相信办法总会有的。所以我希望你们也能那样想。我想帮助你们采纳一种富足心态，提高你们在这方面的能力。即使你们有一点点怀疑，我希望你们愿意尝试一下。我希望你们能够关注一下富足思考者的三种思维方法，并选择接纳它们：

1. 富足的人有坚定的信念

为什么富足的思考者能够很轻易地说出"行"？那是因为他们在生活的许多方面都拥有坚定的信念。

他们相信自己——他们说："我能做的还有很多，不只是人们看到的。"

我就总是感觉我能做的比其他人看到的多。在我年轻的时候，我就这样认为了。其他人看到了我的不成熟、缺乏经验和经常的冒冒失失。许多人解雇了我。他们说我太年轻了，什么也负责不了。我通过努力工作来证明他们的错误，并且我不得不说，当取得成功的时候，我确实得到了极大的满足。还有很多次，我对正在做的工作很不满意，但是我相信自己，这使得我能够奋勇向前，哪怕没有人鼓励我。马克·吐温说过："没有自己的认可，人是不会舒服的。"我一直对自己很满意，现在也是。这样，当其他人不承认我的时候，我个人的自信也会给我提供说"行"的能力。

信念驱动行为。缺乏信念，是匮乏思考者的特性，它会拖我们的后腿。我们犹豫不决，并不是因为我们不能干一些事情，而是因为我们对自己没信心。我的朋友，不要等着某个其他人来挖掘你。不要等着得到某个人的许可。你不需要任何别的人来告诉你能否胜任。相信自己！相信你能！

他们相信别人——他们说："别人能做的还有很多，不只是我看到的。"

我对你们提到过我认为每个人都能以一当十。一些人评论说我对别人的信任往往是那么不切实际。我同意，事情可能是这样。然而，我仍然想让每个心存怀疑的人都看到信任别人的益处。我想写这本书的欲望也来自这个信念。当我告诉你们，我相信你们可以提升你们的能力、改进你们的生活时，我可是认真的。

亨利·福特建立了他的商业帝国，也是基于这种类型的思维。他说："我正在寻找有无限能力的人，他们不知道有什么是做不到的。"看，这就是对别人的信任。对匮乏的人来说，告诉我们做不成事很容易。他们也愿意这样说。但是历史一次次地表明，人们能够完成其他人认为不可能的事情。那些完成看似不可能的事情的人，每一个都具有富足的心态。如果你不相信能干的还有很多，你就不能开辟新天地、开发新产品或者创造做事情的新方法！

当人们彼此信任的时候，他们想让对方做到最好，也对对方满怀期望。他们互相祝福。达拉斯·威拉德（Dallas Willard）教授这样定义祝福："把美好的东西送给某人。"我喜欢这种说法。我想要践行它。你不想吗？

他们相信今天——他们说："今天还有很多，不只是我看到的。"

在我的书《把握今天》（*Make Today Count*）中，我写道："你成功的秘诀取决于你每天的安排。"我们每天做的事情要么成就我们，要么毁灭我们。

> 你成功的秘诀取决于你每天的安排。

富足的人把握此刻，因为他们从中看到了潜能。他们相信他们能做的比以前更多。他们相信他们能够比以前更上一层楼。他们相信他们能够成长更多——并且不断成长。这种信念不但让他们不断前进，而且让他们成为第一个采取行动的人。并且经常，那些第一个吃螃蟹的人会是最后的胜利者。

他们相信明天——他们说："我的未来还有很多可能，超乎我的想象。"

我正在变老，但我拒绝成为一个老年人。你注意过吗？那些老年人认为他们那一代是最后的伟大一代！他们审视年轻人，预测他们没什么前途。这样的情况已经发生一百代了。我不会那样干！是的，明天充满挑战。年轻人需要成长。但是富足思维告诉我，明天能够比今天更好。

我喜欢把富足心态想象成我们人生中的劲量兔（Energizer Bunny）。它让我们充满坚定的信念。坚定的信念给我们充沛的精力。我想利用这充沛的精力投身于有价值的事情，并创造不同。你们想不想呢？就由你们来决定吧。

2. 富足的人懂得远景的力量

我们的远景并不取决于我们看到了什么。它取决于我们如何去看，而如何去看又源于我们是什么样的人。两个人处于同样的处境，看问题却可能完全不同。匮乏

> 我们的远景并不取决于我们看到了什么。它取决于我们如何去看，而如何去看又源于我们是什么样的人。

心态的人遇到情况经常会想，没有办法！而富足心态的人遇到同样的情况会想，肯定会有更好的办法！

因为有些人的存在，他们的视角受了富足思维的影响，这个世界才变得越来越好。人们曾经认为不可能有比壁炉更暖和的屋子了。本杰明·富兰克林认为肯定会有更好的办法，后来发明了我们现在所称的富兰克林炉。人们曾经认为在陆地上肯定没有比骑马更快的了。詹姆斯·瓦特（James Watt）认为肯定会有更好的办法，后来发明了蒸汽机。人们曾经认为不可能同千里之外的人通话。亚历山大·格雷厄

姆·贝尔（Alexander Graham Bell）认为肯定会有更好的办法，后来发明了电话。人们曾经认为人们不可能依靠动力飞起来。莱特兄弟（The Wright Brothers）认为肯定会有更好的办法，后来发明了第一架飞机。

我还要继续吗？把你的远景从匮乏转到富足方面来吧，向革新和积极改变敞开怀抱，不仅仅是为了你自己，也是为了别人。

3. 富足的人对别人很慷慨

我想说的富足的人的最后一个特征就是慷慨。当大多数人说到慷慨的时候，我们通常想到的是向慈善机构捐款。尽管这确实是慷慨的标志，可从富足中获得的慷慨远远不止于此。

还有其他类型的慷慨与金钱无关。这包括给人们一次机会、给别人怀疑的权利，和给别人一个想要和你一起工作的理由。一个富足的人很慷慨，他可以给别人机会，向他们提供资源和信息从而使其更好地完成工作，当他们取得成功时给他们声望，当他们犯错误时给他们慈悲。我在这里讲的其实是精神上的慷慨。

"慷慨"这个词来源于拉丁语generosus，意思是贵族出身。它与贵族成员相关，由于贵族的特权和继承的财富，人们希望他们能够对身份低下的其他人付出。在生命中，我们有些人会比某些其他人处境要好。对那些人，我们应该慷慨。如果你是一个领导者，你需要明白由于你的位置和它给你带来的特权，你应该对你的手下人慷慨。我希望所有领导者坚持这个高标准，尽管不是所有人都会这样做。那些把富足心态带进领导职责的领导者，能够增加对团队和组织的积极影响。

一些人担心，如果他们付出太多，他们自己就不够了。但是我要说，事实恰好与此相反。你付出越多，得到的就越多。它只会让你变得更慷慨。实际生活中，当你对别人微笑的时候，你就能体会到这一

> 你付出越多，就不得不付出更多，而且想要付出。

点。当你对别人微笑时发生了什么？你通常会收获一个微笑。这会让你更愿意微笑。你越乐意帮助别人，他们通常也更愿意帮助其他人。这促使你更愿意帮助别人。你爱得越多，得到的爱就越多——并且想分享给其他人。我称其为富足悖论（Abundance Paradox）。你付出越多，就不得不付出更多，而且想要付出。

富足的人不会因为付出而枯竭。事实恰恰相反。他们向别人的生活里撒上种子，结果大获丰收。毫无疑问，我一生中回报最高的投资就是相信并在别人身上投资。这就是为什么我的每日任务清单上总是排满了为别人做的事。我完全同意我的朋友凯文·迈尔斯的观点，他说："我们应该更多地为别人着想，而不是想着从别人那里索取更多。"慷慨的人总是乐于提升他们周围那些人的生活质量。并且人们总是愿意同提升自己的人接触，而远离让他们感觉差劲的人。

我相信你们能走出匮乏的世界，成为一个富足的人，即使你从小到大都感觉一切都不能满足需求。我为什么要这么说呢？因为我确实看到过一些人最初具有匮乏心态，后来选择成为富足的人。其中之一就是我刚刚引用过的凯文·迈尔斯。我已经指导他二十年了。他说我教给他的最重要的一个东西，就是将他的心

> 我们应该更多地为别人着想，而不是想着从别人那里索取更多。

态转变成了富足。

凯文说："我过去以为生活就像一个馅饼，只有这么多块，所以你只能尽己所能拿到你那一块。约翰教导我说，如果没有馅饼了，你只需要回到厨房再做一个。这和我从小到大的想法完全不同。但是现在我接受它了。"

如果你像大多数人一样，在你的心里，你会愿意相信富足的。我给你的建议是听从你的内心。它生来就是富足的。

> 有时朝着正确的方向迈出的一小步，将会成为你人生中的一大步。

同自己对话，大声说："我相信一切都绰绰有余。"这是朝着正确方向——富足迈出的一小步。可有时朝着正确的方向迈出的一小步，将会成为你生命里的一大步。

关于富足能力的问题

1. 当面对机会的时候，你会说"行"还是"不行"呢？如果内心富足通常意味着说"行"，你能做些什么来促使自己更经常地说"行"呢？

2. 对富足心态的信仰始于一个人对自己的信念。你怎样评估你的自我信念呢？它处于高、中还是低水平？你必须做些什么才能提升它，并摆正你自己的位置，迎接更为强大的富足心态呢？

3. 现在，你在生活中关注着什么，并认为"没有办法"了？挑出对你来说重要的一些事情。告诉自己："一定还有更好的办法。"然后开启头脑风暴，看看你能怎样积极地向前推进。

13

自律能力——选择专注当下并坚持下去

2000年，我有幸参观了印度新德里的国家甘地博物馆。在那儿，我看到了引用圣雄甘地的一句话，他说："我们所做的和我们能做的有所不同，这个差别足以解决世界上的大多数问题。"我经常想到这句话。我想知道：为什么在我们所做的和我们能做的之间，会有这样的不同呢？靠什么才能弥补不同并缩小这个差距呢？

> 我们所做的和我们能做的有所不同，这个差别足以解决世界上的大多数问题。
>
> ——圣雄甘地

它与天赋无关。我们每个人都很能干，利用已经拥有的天赋，我们能够做得很好，所以这不是答案。它与时间的多少无关。每天分配给我们每个人的时间是一样的。那靠什么呢？

经过多年的思考，我想我知道该如何缩小我们所做的和我们能做的之间的差距了，那就是自律。说到自律，我这里指的是对应该做的事，我们要始终如一加以坚持。在这个意义上讲，自律将会发挥重要的作用。

你是你自己的老板

成功人士在做他们最重要的工作时，是高度遵守纪律的。他们很自律。他们引导并鼓励自己去干他们应该干的工作，而不是只干他们喜欢干的事情。这才是让他们从平庸到优秀，并从优秀到卓越的原因。这就是为什么这个世界上的奖励，总是留给那些愿意做大多数人都不愿做的事的人。

我非常喜欢训练员和演讲者马克·蒂勒尔（Mark Tyrrell）描述自律的方式。他说：

多年来，我一直把自律看作一种看不见的魔法。你看不见它、尝不到它、闻不着它，但它影响巨大。它能将肥胖的变得苗条，将松弛的变得健壮，将菜鸟变为专家，将贫穷变为富有，将悲惨变为幸福。当别人看到你的"天才"时，它是冰山水下看不到的部分。

每个人都看到了人们的成功，却没有意识到带来成功的百分之九十是看不见的，然而正是这个百分之九十，才让成功成为可能。

这就是为什么顶级运动员能够表现得那样优秀，好像他们的技能得来毫不费力。他们花在游戏上的时间仅占体育运动的百分之十——或者更少。这就是为什么才华横溢的音乐家

> 自律，是持之以恒地致力于做应该做的事情。

如此出色，你见到的两小时的台上表演，只是他们练习并完善他们技能所需时间的一小部分。人们看到运动员和艺术家，然后想，我真想拥有他们的好运气，其实他们应该说，我真该拥有他们的自律。

如何培养自律能力

蒂勒尔说，太多的人把生命看成了一个等候室。我认为他说得对。人们坐在那里等待他们的名字被叫到。但是成功不会来找我们的。我们不会随随便便取得成功。不要忘记：每一件值得的事情都是在走上坡路。要得到你想要的，需要你付出时间、努力、坚持、精力和承诺。自律让这些事情变得可能，并让成功变得触手可及。现在好消息来了，自律是可以培养的，不必非要天生。它是你做出并不断做出的一个选择。

> 不要忘记：每一件值得的事情都是在走上坡路。

如果你想看到你的自律能力得到提升，那就把这些理念铭记于心，并将它们付诸实践。

1. 知道什么重要

我在高中的时候可不是一个特别好的学生。那时我唯一想做的就是和我的朋友们一块出去打篮球。有了我这样的学生，才让其他学生以优异成绩完成学业成为可能。然而，上了大学以后，对我来说一切都改变了。在第一个学期，我成为一个自律的学生，进入了优秀学生名单。

发生了什么？从上大学的那一刻起，我知道自己要为生命中真正想做的事情做准备了。我有了一个目标，并且知道对于实现目标，什么才是最重要的。再也不闲逛了——我在课上做了大量笔记，养成了良好的学习习惯，和好学生在一起，并且关注着我的未来。一切都变了，我开始了我的自律旅程。

关于自律，史蒂芬·R.柯维做了一个有意思的观察。他写道：

很多人只是简单地总结说他们不够自律。我对这种想法的反应是，它通常根本就不是一个自律问题。更经常的是，问题出在他们还没有付出足够代价来弄清楚，对他们来说，什么才是最重要的。一旦你内心深处明白什么才是真正重要的，对不重要的事情说"不"就变得非常容易。

在我的生命中，这毫无疑问是对的。当召唤我的目标变得清晰时，我的热情就高涨。我的热情让我优先考虑并计划我的人生。

我最近读到布莱恩·特蕾西（Brian Tracy）写的一本书，上面说百分之九十七的美国成年人在没有清晰、具体、写下来的目标的情况下，就尝试过他们的生活。她把这比作在没有路线图的情况下，就出发穿越一个未知的国家。这是一个恰当的类比。如果我们想去往某个值得去的地方，我们需要明确我们要去的地方。

马克·科尔是我的五个公司的CEO。在我六十五岁的时候，他请求我写出到我七十岁时，我对每个公司的愿望清单。他说："约翰，花几个月，好好想想这个请求。作为你的左膀右臂，我想知道你对我负责的组织的真实想法。"我完全按照他的要求做了。这个练习不仅让马克清楚明白，也让我充满了想要看到梦想成真的决心。

> 一旦你内心深处明白什么才是真正重要的，对不重要的事情说"不"就变得非常容易。
>
> ——史蒂芬·R.柯维

你知道什么对你重要吗？如果你没有好好思考并把它写出来，很有可能你正在经历的任何自律的缺乏都是这个原因。提升你的自律能力的唯一途径就是知道什么是重要的，并把它作为你人生的试金石。

2. 摆脱各种借口

如果自律是带我们去往人生中想去的地方的高速公路，那么借口就是离开高速公路的出口。相信我——会有很多出口。看一看其中的一些，并看看你是否发现自己曾经说过它们当中的任何一个：

- 我将在明年开始。
- 我不想一个人做这件事。
- 我爱人不会和我一起做这件事。
- 当我完成学业的时候我会去做。
- 我将在孩子们放学后做这件事情。
- 我要在孩子们回到学校后再做这件事情。
- 当我有更多的精力时，我会这样做。
- 天气变好了，我就开始吧！
- 当我不忙的时候我会去做。

- 生日过后我再做。
- 我明天就去做。
- 我退休后再做。
- 我太胖了——我减肥后再做这件事吧。
- 我太老了。（你打算变得更年轻吗？）
- 我太缺乏经验了。
- 我太害怕。
- 我太累了。
- 我不知道如何开始。

我自己也说过其中的一些，但我并不为此感到骄傲。

你怎么知道什么是借口呢？问自己："它会不会阻止我做我喜欢做的事？"如果会，那就是借口。摆脱它。

3. 在你觉得喜欢它之前就采取行动

如果你去谷歌搜索一下"成功的秘密"，用不了半秒，你就会收到六千七百万条结果。很长时间以来，人们写过大量关于如何取得成功的文章。因此我想说，知道成功的秘密不是问题。怎么践行成功的秘密呢？这才是问题。

我们的文化不能在这方面提供帮助。我们一遍遍听到的信息都是我们应该做我们愿意做的。但是如果我们不喜欢做一些事，又该怎么办呢？我们应该等待灵感吗？就拿写作来说，每一个有经验的作家都会告诉你，当你越不喜欢写的时候就越要写，否则，你就干不成什么事。

每个人都有一个特别难以自律的薄弱领域。对我来说，就是正确的饮食和锻炼。我能一连几个月都不喜欢做那些事情。所以，在喜欢它之前，我怎样让自己行动起来呢？

我会思考不行动的后果

我的心脏病专家昌西·克兰多尔（Chauncey Crandall）博士，明确并不断地提醒我说，如果我不能适当地饮食和锻炼，我要做的和喜欢做的重要事情都会被打断。他说："约翰，当你选择照顾好自己的身体时，你就延长了自己的生命，也能帮助到更多的人。"如果我不做那些正确的选择，就会有不良后果。我明白并提醒自己，经常提醒。

我只专注于今天做正确的事

如果我想要做点什么，我可不想着后半辈子每天都要做它，那可能会使我泄气。所以我专注于今天。对我来说，一天一天地过还行，我应付得了。

最近，安妮卡·斯潘皮纳托（Annika Spampinato），一个注册营养师解释说，她的主要职责是帮助低收入的人学会并养成更好的饮食习惯。为完成这个目标，她运用动机性访谈法。她的问题帮助她找到与患者的共同兴趣点，然后与患者一起，找出他们认为做出所需改变最容易、最舒服的方法。她说，当他们选好先走哪一步并坚持下去，他们就增加了成功的概率。

在薄弱领域我会让自己对别人负责

在自律方面，很少有比向别人负责更有效的了。为什么呢？因为我们需要帮助来克服我们的弱点！劳拉·巴尔达（Laura Balda）博士，我的私人医生，每月都给我称体重，并用表格记录我的体格进展情况。约瑟芬·邦恩（Josephine Bunn），我的私人健身教练，督促我每周都要锻炼。在我的一生中，在没有帮助或者向别人负责的情况下，我尝试过努力克服这些弱点，但都没有成功。我发现除了自己，我还需要向某个人交差。当我只向自己交差时，我几乎做不下去了。

最近在健身房，我看到一个标志牌上写着："没有什么比拥有健康的身体感觉更好的了。"当吃晚饭或坐在沙发里的时候，我就试着记起这句话，这样当我感觉不愿意做的时候，它就经常督促我去做正确的事情。

你手头上有什么资源，可以在你不愿意做的时候，来督促你采取正确的行动？你找了哪个人来向他负责？不管你的自律能力有多强，你都能从有助于你采取行动的方法中受益。

4. 不要让分心的事情分你的心

布莱恩·特蕾西观察道："成功的男人和女人几乎一直致力于执行高价值的任务。不成功的男人和女人，是那些把每天的一分一秒都浪费在低价值活动上的人。"那么让人分心的低价值活动是什么呢？可以说源源不断。

例如，这个月我的目标是完成这本书的写作。这是我的主要关注点。然而，在过去的三天里，我不得不处理许多分心的事。人们问我……

"你能会见一个朋友吗？他有几个问题要问你。"

"你能不能为一个周年纪念录制一个三分钟的视频？"

"你能花几分钟和员工做件事吗？"

"有一个电话，可以推动设备的进展。你能打个电话吗？"

"你有一个笔记需要补写一下。你能补吗？"

"有一篇关于转型的文章，你真的需要读一下。你想看看吗？"

> 成功的男人和女人几乎一直致力于执行高价值的任务。
>
> ——布莱恩·特蕾西

这些都是很好的事情。一些事情还非常重要。但回答是"不"！这本书完成之前都不行。我必须保持专注。

史蒂芬·R.柯维把这称为"首要的事情先做"。布莱恩·特蕾西称其为"挤出效应原理"。它是这样的："如果你将所有时间花在高产出的任务上，在一天结束的时候，你就会'挤出'所有无用的活动，否则这些活动可能会让你从真正的工作上分心。"另一方面，如果你把你的时间花在低价值的活动上，那些低价值的活动就会挤占你完成人生中关系重大的任务的时间。而时间和个人管理的关键往往就是自律。

> 挤出效应原理："如果你将所有时间花在高产出的任务上，在一天结束的时候，你就会'挤出'所有无用的活动，否则这些活动可能会让你从真正的工作上分心。"
>
> ——布莱恩·特蕾西

问你自己："这些天我正在把什么挤出我的生活？"你是不是在做一些不重要或者近便的事情，而损害了至关重要的任务？我希望不是这样，因为如果你这样干了，你会遇到麻烦的。你没有把精力花在真正重要的事情上。

所以每天问问自己这个问题，把它看作凝聚焦点、排除干扰的提醒：

我今天把什么挤出去了？当你每天都在想着和做着那些能带来高回报的事情的时候，你就没有时间去做那些低回报的事情了。这样就会提升你的能力。

5. 要有时间意识

我从来不知道，一个缺乏时间意识的人能够自律。成功的人都有时间观念，他们知道如何花费他们拥有的时间，并且知道每一分钟都很宝贵。

商业教练和作者丹·S. 肯尼迪（Dan S. Kennedy）说：

如果你意识到时间的重要性，你就会对时间做出价值评估，以及你要如何把控时间的使用及别人对你时间的消费，从而实现你的目标和挖掘你的全部潜能。你会对你的时间有新的认识，是充分利用了还是虚度光阴了？是主动安排并掌握了时间还是放任其流逝？

以前和我一起工作的人跟我说，我的脑袋里有一个时钟。他们的意思是我总是想着时间有限，我必须做点什么，才能将我的努力最大化。我总是意识到时间正在从我身边悄悄溜走，我的时间是有限的。我想随着年龄的增长，我们会越来越意识到这一点，可不管你是十七岁还是七十岁，这都是事实。

如果你想最大化你拥有的时间的效益，那么我建议你做这两件我一直在做的事情：

设置预期完成时限

你有没有注意到，不管我们给任务的完成分配了多少时间，它总是会被用完。如果你要写一篇文章，然后你给自己一个星期的时间来完成，那么它就会花费一个星期。如果你给自己一天的时间，它就会花费一天。如果你对自己说"我必须在两小时以内完成"，它就会花费整整两小时。相同的事情也发生在会见当中——除非你设置预期完成时限。

每当我与别人会见时，我总会提出一个我们在一起的时间框架，并且表达出我很愿意在这段时间内结束会见。这有助于他们掌控时间，让他们设置优先顺序，并且可以让我们在规定时间内完成所需事项。

当你练习有节制地使用时间，你就会有一个界线。开始为你自己和别人设置预期完成时限吧，一旦你把这个当成一个常规的练习，你就可以开始压缩期望值，并且一直压缩到你能了解自己究竟能多么有效地利用时间为止。然后你就会知道你完成事情的速度有多快，并且可以为会议和任务制定积极而实际的时间框架。

设置外部截止日期

我们在生活中所做的很多事情都没有最后期限。结果就是许多事情被推迟，一天天待在待办事项的清单上悬而未决。这就是为什么我几乎对想要做的每一件事，都要设定外部的截止日期。这些看得见的截止日期为我创建了一个时间意识。

每一个星期，我都要看我的计划表，决定我要做的事，并给自己设定最后期限。就连现在，对于写这本书，对于为我的非营利组织 EQUIP

的志愿助理教练们开发教学
材料，对于思考在下一个约
翰·C.马克斯维尔团队教练
认证活动时我要讲授点什么，

> 自律就像一块肌肉。
>
> 我们训练得越多，就开发得越好。

我都有最后的截止日期。同时对于休息和娱乐时间的规划，我也有一个
最后期限。

每一天，我把这些截止日期都摆在面前。在我的桌子上放着一张纸，
我能时时看到它。这些截止日期从精神上支撑我向前推进。

一个朋友曾经告诉我："每一个你在梦境中停留的时间，都是你为
实现梦想而浪费的时间。"多么真实。自律就像一块肌肉，我们训练得
越多，就开发得越好。

预期完成时限和截止日期是任何自律能力强的人的伟大朋友。试着
使用它们。我相信你会对它们如何提升你的自律能力和时间使用效率而
感到惊奇。

6. 坚持下去，即使是受伤的时候

在我的书《让你的梦想接受检验》（*Put Your Dream to the Test*）中，
我写道："梦想是自由的，但实现梦想的旅途不是这样的。"人们通常
不会因为他们的梦想没有价值而放弃奋斗。他们放弃梦想的原因是他们
不想付出代价。他们不愿意把实现梦想所需的日常自律坚持下去。为了
取得成功，我们需要做我们应该做的，即使是受伤的时候。

自律是让你继续前进的燃料、遇到困难也能坚持下去的意愿、忍受
痛苦的能力——这是胜利者的素质。演讲者和作者托尼·罗宾斯（Tony

Robbins）说："我相信生活在不断考验我们对它的承诺水平，生活最丰厚的回报总是留给那些做事不达目的不罢休的人。"

最近，我正在挑战一群年轻的领导者，让他们学会坚持，并完成他们已经开始的工作。我鼓励他们每天对自己说："无论今天做什么，直到我完成了，今天才算结束。"我挑战他们：如果你在做的事情还没有完成，就不要结束你的一天。对自己保持足够尊重，遵守你早上许下的诺言。

在我二十几岁的时候，我树立了建造一座教堂的目标，比美国的普通教堂大得多。我成功了。我的秘密是什么？每个星期日的下午，在完成了一周的公务之后，我都会去办公室守在电话旁边。我的目标是为接下来的一周预定十个额外的约会。直到完成那个目标，我才回家。

我喜欢在漫长的一周结束时，还要打电话预定约会吗？不完全是。我更愿意待在家里陪玛格丽特。但是我那样做了。实际上，我每周都那样做，并且坚持了七年。在坚持初衷的三百五十个星期日里，我获得了对自己的极大尊重，这是你能获得的最好的一种尊重。我还学会了自律，那就是坚持下去，即使是受伤的时候。你愿意这样做吗？如果你愿意，你的自律能力将会得到极大的提升，并且你会得到你想要的结果。

如果你管理不好自己，你就不能管理好你的人生。如果你不能提升你的自律，你就不能使你的能力最大化。生命不断地变得越来越忙，越来越复杂。它不会走向相反的方向。如果你像我这么老，你会认识到这一点。回想在大学单身的时候，我认为我很忙。然后我结婚，开始了我的事业，我可以看到大学时代真的好简单。然后玛格丽特和我有了孩子，生活的节奏加快了。在我三十几岁的时候，我开始了我的第一笔生意，一边工作，一边还要保持与家庭的联系。甚至现在，我的孩子们长大了，还有五个孙子和孙女，我还是没有时间来完成我想做的所有的事情。就算我活到一百岁，也没有足够的时间来实现我所有的梦想。

　　一天的时间就那么多，我不能有更多的时间了。所以我该怎么办？两件事情：第一，我可以提升我的自律能力，这样我就可以最大限度地利用我拥有的时间。第二，我可以与别人合作（这一点我会在第十八章讲到）。想要提升你的自律能力，你不用富有，你不必是个天才，你不必来自一个伟大的家庭，你不需要具有非凡的才能，你只需要关注当下，并坚持下去。

> 　　如果你管理不好自己，你就不能管理好你的人生。

关于自律能力的问题

1. 自律就是让时间和优先事项一致。如果你看看每周的时间表和待办事项，然后为每件事分配具体的时间数量，会发生什么呢？那会花费你多长时间？又会为你节省多少时间呢？

2. 什么借口已经成为你生活中的"正常"部分？把你觉得常用的借口列出来，然后为每个借口写出应对方案，这样你以后就能更加自律。

3. 你能坚持到什么程度？当没有坚持下去的时候，你是什么时候停下来的？又是为什么呢？有没有一个模式？在那些时候，你能做些什么让自己坚持下去呢？

14

意向能力——选择有意识地追求人生的意义

　　我最大的热情之一是帮助人们精心谋划自己的生活。为什么？因为我知道提升生活品质的最好方式就是精心谋划自己的生活。当人们提高自己的意向能力，生活中的一切都将发生改变。当你的生活变得更有意向性，便可以跨越成功，找到生活的意义。具体做法我会在本章后面告知。但首先，我希望你更多地了解意向性。

提高意向能力的三个关键

　　对于提高人们的意向能力，我满腔热情，于是在 2015 年写下《选择你想要的生活》一书。该书完成后，我便开始广泛讲授。就在那时，我创造了两个概念——走上坡路的梦想和走下坡路的习惯，这在本书第八章有详细论述。我还将有意向性的生活提炼浓缩出三个特征，现在想和大家分享一下。如果你选择拥抱它们，便可以凭借更高的意向能力去生活。

要深思熟虑

生活没有彩排。我们浪费的时间不会重新来过，无论是几年、几周抑或是几天。生命只有一次机会，我们未完成的也终将成为遗憾。我不知道你们怎么想，但是我不想带着许多遗憾走完一生。我宁愿生活中有数百个失败的尝试，也不愿为那些我未能尝试的事情而遗憾。我下定决心要在我的有生之年有所作为。

如何能确保自己离世时不会有太多遗憾呢？要深思熟虑。太多人认为只要有良好的意向便已足够。但事实并非如此。人们高估了良好意向的力量。最微小的动作往往会超越最美好的意向。

当我还是个孩子的时候，我父亲最喜欢问的一个谜语是："五只青蛙坐在一根横木上。其中四只决定跳入水中。还剩下几只？"你觉得答案是什么？如果你说还剩一只，那就错了。应该是五只。因为决定不等于行动。要想完成某件事，你需要行动，而且要深思熟虑，这样才能完成事情。

要坚持如一

有意向性的生活的第二个特征是坚持如一。生活中无论我们坚持做什么事情，都会产生相应的结果。如果我们所做之事是消极的，那生活就会变得更糟。如果我们不断地拒绝工作，生活会变得更糟。如果我们不断地讲别人坏话，生活会变得更糟。如果我们过度消费，生活会变得更糟。如果我们追求眼前短暂的满足感，生活也会变得更糟。但是，如果我们坚持如一做积极的事情，生活会变得更好。如果我们发挥意向能力，它就会产生相应的结果，生活也会变得越来越好。

坚持如一有点像我曾指出的一个词——责任，并不是令人兴奋的词语。坚持如一所产生的结果却振奋人心。而且我们坚持的时间越长，就会产生越多的利益或好处。

充满意愿

过意向明确的生活就是意志在行动。这是一件你必须决定每天做的事情。大多数人不主导自己的生活，而是接受自己的生活。我宁愿选择每天意向明确地活着。希腊哲学家埃皮克提图说过："生活其实很简单：如果你说你要做某件事，那就做吧。如果你开始了一件事情，那就做完吧。"这就是我要挑战你去做的事情：要有始有终。

如果你那么想让自己的生活与众不同，你就可以变得与众不同。你愿意为此而努力奋斗吗？

超越成功，获得价值

你是否希望跨越成功的桥梁找到生活的意义？很多年前，我的助理爱琳·比沃斯（Eileen Beavers）曾送给我一本书作为圣诞节礼物，也就是在那个时候我开始了跨越成功与有意义之间桥梁的旅程。那本书叫作《最伟大的故事》（*The Greatest Story Ever Told*），这个标题刚映入眼帘，我便兴奋地打开阅读，因为我想知道书中讲的什么内容。但是我看到的只是几页白纸。里面有爱琳留的一张字条："约翰，你的生活就在你面前。用友善的行为、美好的思想和你的心事填满这些纸。用你的一生写下最伟大的故事。"那一天，我在生活中变得有意向性，其中的故事会在这本书中讲述。

我在《选择你想要的生活》一书中分享了这个故事。一名工作人员读到此书时，建议我像爱琳启发我那样去激励其他人。这促使我创办了一本名为《最伟大的故事》的杂志，人们可以用它来记录自己发挥意向性的行为。我在这本杂志中写了下面这段话：

亲爱的朋友：

最伟大的故事只能由你写。我想让你用有意识地为人们增加价值的善意的行为填满这些空白的纸张。每天，用你的语言记录下你是如何对他人的生活产生积极影响的。现在就开始精心谋划，将自己的生活书写成一篇最伟大的故事。

你的朋友

约翰·C. 马克斯维尔

我的希望和愿望是让人们有意向性地生活，不仅使自己有所作为，还要激励他人努力过上有意义的生活。

我已经开始得到人们的反馈。这是这星期我收到的一封电子邮件：

马克斯维尔先生，你好！

我叫杰瑞德·奥尔特（Jared Orth），今年十五岁，是一名高二的学生。大约一年前我的祖父给我看了您写的书，从那以后我一直在阅读您的作品。我绝对爱您的书，而且我可以坦诚地讲，如果没有这些书，我不可能成为现在这样的人。我刚刚读完了《有时你会赢》（*Sometimes You Win*）和《有时你会学习》（*Sometimes You Learn*），而且完全爱上了这些书。

我的祖父总是跟我讲您和您的演说。他最近去劳德代尔堡参加了您的一个会议，刚回来便告诉我开会的全过程。它确实改变了我的生活。

我今天过去见他，他又给了我另一本书。书名叫作《最伟大的故事》。他把书拿给我看的时候，我落泪了。他告诉我说他知道我会做出伟大的事情，他希望我把这些事全部记录在这本书中。我当时情绪非常激动。他还给了我一本名为《选择你想要的生活》的书。我打算尽快开始阅读。

您的书教会了我许多事情，为此我想要对您说声谢谢。希望您和您的家人平安和睦。

你的朋友

杰瑞德

我读到杰瑞德的邮件时，不由得欣然一笑。这就是我写书的原因啊！但是，如果你能变得有意向，并选择活得有意义，我会更加开心。

有意识地追求意义——每日必做之事

生活的意义在于增加他人的价值。这是一个艰难的过程，为什么呢？因为我们天生就是自私的。我们做事时会自动先考虑自己。如果你不相信，那我问你一个问题，当某人为你和其他人拍摄集体照，之后拿给你看时，你首先要找的人是谁？答案毋庸置疑！你会先找自己。这不是在责备你，换作我也是一样。这证明我们都是自私的。但是自私是走下坡路的习惯。生活的意义是走上坡路，这对你和我来说都是可以实现的。

我想教给你增加他人价值的五条日常要领。如果你每天都能做到，你将会有所作为，并会立即感受到生活的意义。

1. 每天为他人增加价值

在第六章讲人际能力时，我谈到要尊重他人。这是为他人增加价值的基础。没有对他人的尊重，就不可能增加别人的价值。

那你为什么要尊重他人呢？因为他们是人。不需要任何其他原因。听着，人类就是人类。人会犯错误，会说错话，会伤害其他人的感情。许多人并不善待我们，且非常不讨人喜欢。但是无论如何都要爱他们。

如果你想知道我如何做到任何情况下都尊重并善待他人，我可以告诉你。

我会长期严格实事求是地看待自己

没有什么比审视自己更有助于激励我宽容他人了。这些年我说过许多傻话，做过不少愚蠢的事情。每当我做错事情时，我最大的愿望就是让别人忽略我的愚蠢，对我宽容，并原谅我。只有他们能为我做到这一点。

如果这就是我所渴望的，那么对我来说换位思考并给予他人我所渴望的便再公平不过。我们都有缺陷。我们都会犯错。我们都会互相伤害。我们都需要宽容。这很简单：己所不欲，勿施于人；己所欲者，亦施于人。

我选择评价别人，是在他春风得意时，而不是失意落魄时

我最落魄的时刻是做了我不应该做的事情，想了不应该想的，说了

不应该说的。你最糟糕的时刻是否和我一样呢？如果你无法肯定，那就不要读下去了。你应该约一位心理咨询师，因为你需要他帮助你认清真实的自己。

我有落魄的时候，但也有美好的时刻。那就是做我当做，想我当想，说我当说。这就是我对自己——也是对你的了解。我们没有风光时那么美好，也不像落魄时那样差劲。我想让别人抛开质疑，看到最风光时候的我。所以我决定在别人最美好时给予评价。别人这样对我时，我一直非常感激。我至少可以以相同的做法对待其他人。

我相信人们有能力成长并变得更好

你已经知道我相信人们有潜力发展并增加他们的能力，因为如果我不这样想，就不会写这本书。为什么我会有如此强大的信念呢？因为我知道我已经成长了多少。哦，我多么希望你能见证我的成长，这样你就会受到极大的鼓励。我并不是很好。我花费了许多年的时间学习、改变、实践和成长。

我相信别人可以成长，这不仅让我尊重他们本身，还让我看到了他们可以获得的价值增长。我看到其他人刚刚开始，有时会搞得一团糟，就会记起自己的起步阶段，随后微微一笑。我可以在他们身上看到自己的影子。而且我心里明白他们有很大的潜力，需要被尊重。

你知道别人贬低你时的感受，也明白别人尊重你时的感觉。难道这对你没有什么影响吗？你受到的待遇会影响你对自己的感受以及对待他人的方式。与人相处时记住这一点。当你尊重他人时，你开始创造一个积极互动的循环，这会让每个人都过得更好。

2. 每一天都在想办法增加别人的价值

如果我说我会让你做一个五分钟的思考练习，这个练习会给你的人际关系带来巨大回报，你会对此感兴趣吗？当然会的。这就是我即将与你分享的内容。做这个练习已经为我和大家带来了永远不会忘记的回忆，带来了我们不断使用的想法，带来了我们永远珍惜的资源。

以下是我希望大家去做的。每到夜晚，花五分钟思考第二天你会看到谁，然后问自己："我能对他们说什么，给他们或为他们做什么，才能让我们共同度过的时光难以忘怀且意想不到，而又可以为他们增加价值？"

这听起来很简单，是吗？但相信我，这个练习会让你区别于世界上其他百分之九十九的人，脱颖而出。如果你每天晚上都会这样做，然后重新审视你关于如何度过第二天早上的想法，去改善它，你就会惊讶于自己可以对他人产生的影响。

我每天都尝试着这样做。例如，昨晚我和玛格丽特与杰克·康德里曼和玛莎·康德里曼（Marsha Countryman）共进晚餐。杰克是杰克·康德里曼礼品书的创始人之一。二十年来，他帮助我思考写作的思想，出版并销售了其中许多书籍。他一直是我生命中的一笔宝贵财富。

在我们一起吃晚饭的前一天晚上，我做了五分钟的思考活动，想到了晚餐时刻可以为他和玛莎增添价值的三件事情。那天晚上，我做的第一件事就是谈论我们一起完成的书籍，并指出杰克在我成长为一名作家的过程中给予了多么大的帮助。例如，《点燃你的天赋》（*Talent Is Never Enough*）这本书的书名是杰克想到的。为什么我会尽我所能去谈论这些事呢？因为我想让杰克知道我记得那是他的点子，我很感激他。

第二，他们两人有一个共同的品质是我认可并赞扬的，那就是他们对学习的渴望。无论何时参加我的读书会，他们都会坐在前排并做笔记。我每次和他们在一起都可以看到他们对学习的渴望，尽管事实上他们已经非常成功。

第三，我问杰克是否可以一起做另一个项目。我想让杰克知道我仍然重视他，认为他有能力为我的生活贡献力量。

杰克今年八十二岁，是个漂亮的男人。那晚我们分开时，我给了他一个大大的拥抱。那是一个特别的夜晚，是一个难忘的夜晚，因为我提前想好了为他增添价值的方法。

有影响力的人会提前考虑如何增加他人的价值。看看你一天的安排。你要去哪里？你要见什么人？你可能以什么方式为别人增添价值？这只需要五分钟，却有无数的机会让你有所作为。

3. 每天都在寻找方法增加别人的价值

去年，格雷格·布鲁克斯（Greg Brooks）成为非营利组织EQUIP的执行董事。在此之前，他是一名工作人员。对我来说，格雷格出众的地方在于如果有事情需要完成，他会是第一个站出来帮忙的。在增添他人价值的这场比赛中，他总是赢家。我曾问他他怎样坚持一直做到的。他的回答让我永生难忘："我一直在寻找帮助人们的方法。"猜猜怎么着？因为他一直在寻找，而且他永远都能找到。

由于我花了很多时间来演讲和写作去帮助别人，所以我一直在寻找可以助我一臂之力的点子和信息。这已经成为我的习惯。当我真的找到有用的东西时，会扪心自问："我可以在哪里使用？我什么时候可以使用？谁需要知道？"

当你度过你的一天，你的习惯又是什么？你在有意寻找方法为别人增加价值吗？如果没有，你可以这样做。这是一个能力的选择。如果你选择寻找，你就能找到。

4. 每天都做些事情增加别人的价值

仅仅寻找帮助人们的方法是不够的。如果你想有所作为，就必须按照那些方法去执行。有意向性的生活需要有意向性的行动。

我怎么知道自己度过了愉快的一天？我每天晚上都问自己："今天我给别人增添价值了吗？"如果回答是肯定的，那我的一天便是愉快的。我为别人增添价值的最终目标是为他人做一些他们自己做不到的事情。

特蕾莎修女说："要让走近你的每个人离开时都变得更好更幸福。要表达上帝的善意：善良在你脸上，善良在你眼中，善良在你的微笑里，善良在你温暖的问候中。"这是我们所有人都可以争取做到的。

5. 每天都鼓励别人增加他人的价值

我相信人们最普遍的愿望就是使自己的生活有价值有意义。而且我们周围有许多需要等着有意识的人去满足。然而，许多人都没有找到生活的意义。为什么？因为辨明是非容易，正确处理事情却很困难。这就是为什么我们需要鼓励他人正确行动。

作为一名年轻的领导者，我的目标是让人们跟随我。我过去认为招募的追随者越多，我能做的就越多。幸好这样的想法几乎从未实现。过了一段时间，我发现最好的领导者刺激和鼓励人们去追求比领导者更伟大的事业和使命。

今天，作为领导者，我不招募追随我的人。相反，我招募人才时指向意义，激励人们有意增加他人价值，在世界上产生积极的影响。我为他人留下这种精神去传承，想要的远不只成功。我想让所要传承的精神根植到人们心中。

> 想要最大限度地发挥自己的能力，你必须为他人服务并增加他们的价值。
>
> ——艾伦·穆拉利

最近，我和福特汽车公司前总裁艾伦·穆拉利（Alan Mulally）有过一次谈话。我告诉他我正在写这本书，想知道他认为什么是能力。他说："想要最大限度地发挥自己的能力，你必须为他人服务并增加他们的价值。"他说得太对了。生活的意义由你开始，但注定要与人分享。

当你选择给别人增加价值并养成我在本章中概述的前四种习惯时，不要忘记第五步也是最后一步，鼓励他人也这样做。当志同道合的人一起去增加他人的价值并有所作为时，结果会让你倍感惊讶。

向一个国家传播意向性

我想遵循我自己的建议，并通过一个故事鼓励你增加他人的价值。故事的大致内容是，有个人通过高度的意向性，提高了自己的能力，最终有所作为。这个人的名字是加比·蒂斯代尔（Gaby Teasdale），她对整个国家都有重要影响。

加比是我的一位认证教练。她来自巴拉圭。2013 年，她是自愿前往危地马拉训练协调人员领导圆桌会议的教练之一。她说，她从那次事件中走出来，确信那天发生的事情也会在某一天发生在巴拉圭。

第二年，加比在约翰·C.马克斯维尔小组参加指导会议，而我当时在那儿给书迷签名，看到她站在等待签名的书迷队列中。等轮到她时，她在包里掏了掏，然后拿出护照。这是她身上唯一能写字的纸，她递给我护照说："约翰，给我一个来年的词语，把它写在这里。"在护照中一个空白页的背面，我写下了头脑中第一个想到的词——转变，然后签下了我的名字。

加比后来告诉我，这个词使她的愿望开始有意向性，她想将教练们带到自己的国家教导价值观和有意向性的生活。

她的第一步是让我在《选择你想要的生活》这本书的副本上签上名，送给巴拉圭总统。但问题是她不认识总统。不过她没有因此停下脚步。她开始与人交谈，寻找能够让她见到总统的人，最终她找到了一个。她会见了总统，给了他这本书，并告诉了他自己在危地马拉的经历。

几周后，我收到了霍拉西奥·卡特斯（Horacio Cartes）总统的一封信，邀请我和我的组织前往巴拉圭，在圆桌会议上教授价值观。整个过程由此开始。

在接下来的两年里，加比、她的丈夫蒂姆（Tim）以及巴拉圭的一群人不知疲倦地建立各种人际关系，并为我在第九章中提及的事做准备。结果是影响巨大。成千上万的人因此过上了更好的生活，他们受到鼓励，在生活中变得有意向性。我写下这些时，说出她努力的结果还为时尚早，但我保证会有很多人让自己变得更有价值。

这些大部分都是加比的功劳，但她太谦虚了。她热爱本国人民，只是将其视为帮助他们的一种方式。她说："当你处于更好的状况时，会开始问自己：'我能做些什么来帮助他们，为他们增加价值，向他们展示更好的生活方式？'"我会说她已经做得很好了。

你可以成为有所作为的人，就像加比一样。你不必非要帮助整个国家，只需要每天尝试着帮助别人。这就是有意向性的生活。每当你想办法帮助别人并付诸行动时，就会提高你的意向能力，有所作为，并实现生活的意义。

关于意向能力的问题

1.你想怎样来增加别人的价值？什么是你能做而且很喜欢做但尚未完成的？你什么时候可以开始做？

2.你如何在未来二十四小时内为人们增添价值？尝试着预想一些可以为你计划见面的人增加价值的方式。在你度过这一天的同时，你也应该寻找机会增添他人的价值。

3.你可以鼓励谁给人们增添价值？你能做些什么来鼓励他们？

15

心态能力——选择积极向上，无论什么情况

我绝对相信心态的力量。我想，你可以称我心态先生。我的这种信念表露在我的人际关系中，我的演讲中，还有我的作品中——到处都有。我不记得我曾有过什么心态不好的时候。当然，有些时候，我的心态需要改善，但是在需要这样做的时候，我总是很小心。

我虽然相信心态的力量，但是我并不认为依靠心态就可以天下无敌。我从没有这样想过，以后也不会。心态替代不了能力，心态也无法增加你的技能，心态更无法使你的美梦成真，它不是万能钥匙，但是它可以奠定你生活的基础。如果有两个人，除了心态，各方面能力和条件相当，那么心态较好的那个人一定会更为成功，也更能够享受生活的快乐。在一个人的生活中，没有任何东西比改变心态能给自己和他人带来的影响更大。

如果你的心态不如你期望的那么好，那就立刻去改善它。你可以大声地说：

- "我需要改变。"改变是一种个人行为，只有自己才能做到。
- "我可以改变。"改变完全是可以做到的事情，许多人都变了。
- "改变会带来回报。"改变会带来利益，你一定会看到它的硕果。

心态是一个人的各项因素中最灵活、最有可变性的一项，不论你年

龄多大、境况如何，只要你愿意，你就可以改变。

自我对话是件好事

当我需要改变心态时，我常常借助自我交谈的方式。事实上，这一整天当中，我一直在调整自己的心态。为什么？因为一个心态不好的人很容易灰心丧气。

成功人士和非成功人士之间的最大区别就是对待失败、烦恼和困难的方式不同。《积极的力量》一书的作者戴维斯·古特曼（Davies Guttmann）曾经说过，处于完全相同境况下的两个人可能会有根本不同的反应。他写道：

假设有两个学生，某次考试的成绩都一样差。第一个学生想："我真失败啊！这科每一次都考得这么差。怎么做都不对！"

第二个学生想："这次考试有难度！嗯，还好，只不过是这门课的一次考试而已。也许其他科目我会考好呢。"心理学家把这两个学生展现出的这种现象称为"归因方式"。一个人对最近发生的事件会形成三种归因。

这件事情的起因在我自己（内部归因）还是在其他的人或事情（外部归因）？这件事会影响到我生活中的方方面面吗（普遍归因）？还是说，这只是一次孤立事件（限制归因）？悲观主义者通常会把这些困难看作是内在的、无法改变的普遍现象，而乐观主义者通常相反。

古特曼所说的这种现象就是自我对话。当悲观主义者把这些问题看作内因时，他们就会对自己说："这件事情的原因在我。"当他们认为这些问题不可改变时，他们就会说："我总是会遇到这种事情。"

当他们认为他们的问题是普遍性问题时，他们就会说："这件事会影响我生活的方方面面。"如果你就是这种情况，那么我建议你通过自我谈话的手段把自己引导到其他的归因方式上来。

当你遇到什么事情时，要认识到这件事情的起因在于外部因素，找到问题的起源，然后对自己说："这件事的原因就在于此。"提醒自己，这种情况是可以改变的，自己并没有陷入困境。告诉自己："我可以做出改变并且阻止这样的事情再次发生。"最后，要明白，就是因为发生了这些消极的事情，所以，事情不会永远如此。告诉自己："这是个孤例，它不会影响到我生活中的其他方面。"

积极的自我对话是我保持积极心态的最重要的工具。在出现问题的时候，我会这样说："哇，这和我期待的不一样，那不是我想要的结果，但是我可以熬过这段困难时期。我经常收获大于损失，但是谁都会遇到失败。看看，我能从这次经历中学到些什么呢？有什么需要改变的东西？有人可以帮助我吗？就因为这件事情，我会变得更好，而不是更糟。这一切一定会过去。"

有时候，在我遇到挫折和失败时，我的这种自我对话能持续到二十四小时之多。在这段时间里，我想要处理内心里的那些精神负担，然后把它们抛在脑后。这很重要，因为如果你不能抛掉它们，那它们就会牢牢

> 我知道，如果我的困难是因为我的行动而来，那我就不可能靠嘴巴来解决它们。

地束缚你。我还想把我在这件事情中获取的经验教训和我为了改善自己而需要做出的改变联系起来。最后，我会努力寻找解决问题的具体方法，因为我知道，如果我的困难是因为我的行动而来，那我就不可能靠嘴巴来解决它们。

选择的态度行为

我们要指导并鼓励自己，在任何情况下都要有积极的心态，这是个艰巨的任务。它是我们自我帮助的最好方法。这就是说，大多数时候，我们都可以采用一些基本的手段来保持积极的心态。如果你能做到以下三点，那么从困境中恢复就是一件很容易的事情。

1. 变得谦逊

如果你有谦逊的心态，那么用积极的回应去面对生活的困难就不是件难事。你是怎么做的呢？我很喜欢以前听过的这样一句话："不是所有人都能成为伟人，但是我们可以用大爱来做小事。"有些事情，在我们看来是小事，但是可以使他人获益。做这样的事情有助于我们谦逊品德的培养。用大爱来做小事就要以此为基础。

我和玛格丽特在北卡罗来纳的大山里有个假日别墅。在炎热的夏日里，我们在这里尽享凉爽的天气，我们真的喜欢小城里的这种感觉。这里的生活节奏完全不同，所有人都按"大山时间"来行事，我们到达那里的时候，我体内的生物钟自动就开始减慢了。

　　最近，我的朋友罗尼（Ronnie）在给我们修建门廊，有一天他试探性地问我，是不是可以给当地的扶轮社做个演讲。罗尼是这家俱乐部的一名活跃人物，他很愿意能为俱乐部做点事情，但是他的请求更像是个道歉。他对我说，俱乐部很小，无法给我报酬。他说，他知道我的听众通常人数众多，而且我做这样的事情时要挣"大钱"。但是我打断他的话，说："可以，我很愿意给扶轮社做演讲。"

　　他没想到我竟然答应了，他说，他以为我会拒绝他。我向他保证我愿意去演讲。我的确这样做了。

　　这真是个英明的决定。当我到达那里的时候，我们都排着队用纸盘子来取食物。大家刚一就位，我就站起身，走到每一张桌旁和大家见面。我对这个小团体和团体内的人有了更多的了解。接下来，俱乐部决定给两个高中生颁发奖学金。我很高兴地给他们说了些鼓励性的话，并且见到了他们的家长。然后，我做了演讲，并得到了俱乐部成员的精彩回应。集会的最后，俱乐部的主席赠送给我一根拐杖，作为对我的感谢。

　　这根拐杖就立在我们的门廊里，我经常会看看它，有时候走过去，拿起它来，握在手里。它使我想起了我初期做演讲的日子。少量的听众、自助餐、纸盘子、热情的握手、乡下的老乡。那些日子成就了我，我才可能做如今这样的事情。给这些朋友做演讲是我练习自己的职业的又一个机会。那根拐杖可以使我想起，自己是什么人——一个叫约翰的家伙，愿意做大家的朋友，并帮助大家。

2. 变得可教

　　我特别钦佩南非领导人纳尔逊·曼德拉。我钦佩他的心态和领导力。

他在监狱里度过了二十七年的时间，其中十八年在罗本岛上。在提到这段时间时，他常常说："失去一生中最美好的岁月，这是个悲剧，但是你学到了很多东西。"多了不起的胸襟啊。

> 失去一生中最美好的岁月，这是个悲剧，但是你学到了很多东西。
> ——纳尔逊·曼德拉

可教性，指的就是愿意从每次经历和每个人那里学习的一种态度。它需要一种对自身经历的感激，因为我们知道，如果我们有勇气、有决心，我们就一定能有收获。

在我年轻的时候，我在这方面的勇气和决心有所欠缺。我更感兴趣的是自己的外表，我想要别人在我的课程中有更多的收获，而不是自己得以提升。我的可教性

> 在我的脑子里，我从不怀疑成功的方法有很多，但失败的方法只有一种，那就是考虑失败的身后事。
> ——小凯尔·罗特

不是太高。我真希望那段时光能够倒流。我曾经读过小凯尔·罗特（Kyle Rote Jr.）的话："在我的脑子里，我从不怀疑成功的方法有很多，但是失败的方法只有一种，那就是考虑失败的身后事。"

因为我注重外表，所以我会掩盖自己的错误，不去审视自己的失败。结果，我错过了自己本可以得到的教训。

遇亨通的日子，你当喜乐。遭患难的日子，你当思考。换句话说，当困难来临时，要有可教性。当我回顾自己的青年时光、早期的事业和犯过的错误时，我得出了一个结论：

我犯的错还不够多，因为我想要完美。我没有承认自己的全部错误，

因为我想要完美。

对我来说，这样的事情再也不会出现了，我的学习欲望在增加，而且会不断增长。因为我愿意向所有人、所有事情学习，所以这种精神就使得我能够向所有人、所有事情学习。这就是可教性。

你对学习的态度是什么？从错误中学习、从困境中学习、从愿意帮助你的人那里学习、从反对你的人那里学习。你做好学习的准备了吗？可教性不仅展示出积极的态度，它也会促进积极的态度。

3. 变得有复原能力

为了保持积极的心态，你需要有复原能力，并且不要让任何负面的事情束缚你。对已经过去的事情大发雷霆就意味着前行和实现自己愿望的时间减少。我从没有任何精神负担。为什么呢？因为在我对某人心怀怨恨、舔舐自己受伤的情感时，这些负担就可能蹦跳出来。如果你认为对你的成功和幸福负责的是其他人或者其他事情，而不是你自己，那么，你就不可能成功、不可能幸福。你一定要学会如何从拒绝中恢复过来。

我想，所有的作者都明白拒绝的意思。我自己就有这样的经历。在我当作者的时候，最令我尴尬的时刻就是我的出版商把我的手稿寄还给我的时候。他们甚至都不愿意对稿子做一丁点的调整，他们只是把稿子寄送回来，简单地说一声："再改一次。"

出版界外的人们不了解这一点，但是就算你要投的是最好的稿子，这件事也像打乒乓球一样。你把稿子寄送过去，他们把稿子寄送回来，要求你回答问题，你回答了问题，再把稿子投回去，然后，他们再把稿子给你发回来，要求你修改，你修改后，结果他们又给你发回来，要求你编辑文稿。稿子就像这样来来去去、去去来来，直到所有人都感到满意。

虽然经过了几百次的拒绝、改写、修订，但是我可以对你说，我根本不习惯这样的做法。当我听到有人说他们喜欢挫折和拒绝时，我想我感到很奇怪。我不喜欢。我喜欢赞同、掌声、竖起的大拇指和大声的喝彩。但是事情不总是顺心顺意。不过虽然我完全不习惯拒绝，但是我很清楚该如何经受挫折。怎么做？锻炼。

迪恩·史密斯（Dean Smith）是北卡罗来纳的一位篮球教练，他对挫折有很透彻的理解。他说："如果你把每一次的比赛都当成生死之争，那你就会有问题了。那样，你就死定了。"我真喜欢他这样的说法，因为我发现，适应性强的人都有积极的目光，他们知道，他们所面对的困难只是暂时现象，他们以前也曾经历过困难和挫折，但是他们挺了过来。这

> 有复原能力的人不会关注消极的经历。他们会关注能从那段经历中学到什么。

样的事情他们可以再做一次。有复原能力的人不会关注消极的经历。他们会关注能从那段经历中学到什么。

我以前在高中打篮球的时候，在比赛期间，我的教练总是对我们说："给自己一个获胜的机会。"他这话什么意思呢？在面对强劲对手的时候，他想让我们在前三节里努力拼搏、咬紧比分。这样的话，在第四节里，我们就有获胜的机会。

约翰尼·梅杰斯（Johnny Majors）是一位特别成功的足球教练，他说过："百分之八十的大学足球比赛都是在后半场决出胜负的。"按照

他的统计，五场比赛里有四场的比分在终场前十五分钟都非常接近。怎么样才能把比分保持到这个时候？韧性。韧性给了我们获胜的机会。

人们常说，先发队员决定比赛的一半。我不同意。你见过这样的比赛吗？开场后一分钟，哨声就响了，球员们列好队等着接受奖品。当然没有。任何人都能开始，但不是所有人都能在比赛中坚持住。

生活是场漫长的比赛

我认为，在生活中，我们很容易失去观察力，从而变得灰心丧气。我们常常把一次的胜利看作终点，把一次的失败看作坟墓。现实情况是，生活是场漫长的比赛。如果它是场篮球比赛，那么其中会有三万个回合（相当于八十年里每天一个回合）。如果这是一场赛跑，那就是八万英里的路程（相当于每天五千英里）。如果这是……你自己想吧。我们需要有正确的视角，并保持积极心态，因为后面还有许多的回合和路程。

如果你是个领导人，那视角问题就更为重要。最近我有幸与一个叫终点领导人的小队相谈。我真喜欢这个名字。在我给他们上课的时候，我谈到了，作为一个想要到达终点的领导人，该如何保持深刻的洞察力。下面就是我这次课程的摘要。

- 进入：参加比赛是完成比赛的前提。
- 资格：在初始阶段就要有合格的团队成员，这可以增加在后期完成比赛的概率。
- 心态：你作为领导人的态度为整个团队的比赛定下了基调。
- 训练：终点永远远离起点，你需要经过培训才能到达。
- 示范：领导人给他人定下基调，并展示完成比赛的措施和手段。

- 信念：领导人鼓励他人努力去完成。
- 韧性：没有人可以在偶然间到达终点。
- 团队：领导人永远不可能独自跨越终点线。
- 庆祝：到达终点的团队成员越多，就越要庆祝。

最后，作为领导人，我们要做的就是帮助团队成员和我们一起到达终点，以便于我们可以一起庆祝。只有保持积极的心态，才能从开始到完美的过程乃至最后到达终点。

我一直都认为心态好的人会给他们所做的一切锦上添花。这就是我注重心态的重要性原因之一。统计数据可以支持我这方面的观点。最近在法斯特公司，我读到了关于DHW（Delivering Happiness at Work，传递工作快乐）咨询公司的一篇文章。文章是这样说的：

你也许听说过，快乐的员工富有创造性，他们可以提升公司的短板。幅度有多大呢？下面有一些数据：

- 盈利率提高百分之三十三（盖洛普）。
- 生产效率提高百分之四十三（合益集团）。
- 销售额提高百分之三十七。
- 创新能力提高百分之三百（《哈佛商业评论》）。
- 失误率降低百分之五十一（盖洛普）。
- 安全事故降低百分之五十（柏布考克海事集团）。
- 病假减少百分之六十六（福布斯）。
- 疲倦程度降低百分之一百二十五（《哈佛商业评论》）。

DHW公司的二十位员工汇编了这份清单，而且一有机会就讨论这些数据，一点也不奇怪。美捷步公司（Zappos）的开创者谢家华（Tony Hsieh）和他的合作伙伴简恩·林（Jenn Lim）在出版了《传递快乐》

（*Delivering Happiness*）这本书之后显山露水。这本书探讨了以价值观为基础的管理产生的益处，以及生活与工作之间的平衡。

如果你是领导人，你无法承担忽略心态重要性导致的后果。如果你不是领导人，你也无法承担忽略心态重要性导致的后果。如果你的心态是错的，那么你生活中的其他事情也很难是对的。

世界送给他们垃圾

在困难的环境中，仍然能保持积极的心态。在这方面我见过的最好的例子也许就是卡图拉的垃圾乐队。他们曾经被称为巴拉圭垃圾填埋场和声乐队。我第一次见到他们是在芬兰的赫尔辛基。我去那里做演讲，就在我上台之前，他们开始了演奏。

我和观众立刻就发现，他们和其他乐队不一样。这支乐队中的大多数乐手都是孩子。也许这并不足以显出他们和其他乐队的不同，但是有一点区别很明显：他们的乐器都是用巴拉圭首都亚松森市的垃圾堆里的废物做成的。这些俊秀的孩子虽然来自恶劣的环境，但是他们演奏的音乐如此美妙，我们这些听众如同中了魔咒一般。

那天我很荣幸地与他们合影留念，但是在此之后的数周里，我脑子里总是会出现对他们的美好回忆。所以，几个月后，当我去到巴拉圭的时候，我拜访了他们位于垃圾堆旁的小小的音乐学校。我见到了乐队的创建者法维奥·查韦斯（Favio Chavez），他同时也是乐队的指挥。我还见到了用废物制作乐器的制作者。一些受益于音乐学校的家庭还给我讲述了他们自己的情况。

法维奥创办这所学校的目的是帮助周围的人们。他甚至不是个专业的乐手，只是个喜欢吉他的环保工程师。谈到学校，他说："那些一知半解的人训练那些一无所知的人。我们团结合作，世界给我们的是垃圾，我们还给世界的是美妙的音乐。"他们的行为也向世界展示了良好心态的力量。

> 那些一知半解的人训练那些一无所知的人。我们团结合作，世界给我们的是垃圾，我们还给世界的是美妙的音乐。
>
> ——法维奥·查韦斯

大多数人都会说，如果你一无所有，那你就会一事无成。他所帮助的那些孩子证明了这是个错误的观点。这支小乐队的成员们也许生活在垃圾堆旁边，但是他们有积极的心态。

看着这些正在演奏的孩子的脸庞，我想起了美国作家、哲学家、民权运动领导人霍华德·瑟曼（Howard Thurman）的话："不要问你自己这个世界需要什么，要问自己你人生的动力是什么，然后马上去做。因为这个世界需要的是有活力的人。"

这些孩子有活力，那是因为他们的心态给了他们战胜困难的能力。这些能力赋予了他们为他人增加价值的力量。

多年以前，我就断定，心态是一种选择。从那时起，对那些选择坏心态的人我就失去了同情心。我只是想办法去帮助那些心态能力可以提升的人。对于那些不愿意改变的人，我是尽力避而远之。

> 不要问你自己这个世界需要什么，要问自己你人生的动力是什么，然后马上去做。因为这个世界需要的是有活力的人。
>
> ——霍华德·瑟曼

如果你的心态提升是因为你的境况改善，其实这和你的心态能力毫无关系。这只是你的境况改变的一种表象而已。你如何来辨别出自己的心态变好了呢？如果你的困难增加了但是你依然保持着积极的心态，那你就可以说，自己的心态能力提升了。在这种情况下，你就可以经受住任何狂风暴雨，并且最终战胜它。

关于心态能力的问题

1. 你的自我交谈属于什么类型？你注意过这个问题吗？如果没有，那就拿出些时间来观察。你该怎么做才能使得自我交谈更为积极？

2. 本章讨论的三个方面——谦逊、可教性和韧性，你给自己打多少分？你有什么快速的措施来提高这些能力？

3. 如果有这么多的证据证明，良好的心态可以使人更为快乐、更有成效，那为什么你还相信人们依然会选择消极的心态呢？你该采取什么措施来鼓励他们选择积极的心态呢？

16

风险能力——选择走出你的舒适区

如果你要写一本有关能力方面的书，那么你就无法避开风险这个话题。诗人 T. S. 艾略特（T. S. Eliot）曾经说过："只有那些敢于冒险走远的人才有可能发现自己能走多远。"那么，你愿意走多远呢？你做好准备检测你自己的极限了吗？

不是每个人天生都愿意冒险。但是我得说，我就喜欢冒险，喜欢努力去看看自己可以走多远。我喜欢探索新的领域。此刻，在我快七十岁的时候，我正承受着我这一生中最大的风险。许多人说我疯了。有时候，我自己甚至也会赞同他们的看法！

接下来的一大步

你也许会想，为什么我说自己现在正冒着最大的风险呢？我来告诉你。二十年来，我创立的这家非营利组织 EQUIP 一直在培训世界各地的领导人。在这些年里，我们培训的领导人超过五百万。

在我们培训这数百万领导人的过程中，我们也有个目标，那就是，这个培训的范围要涵盖世界上每一个国家。这就是一百九十六个国家。

2015 年 6 月 26 日，我们终于在斐济实现了这个目标。我和 EQUIP 的几个成员一起培训了来自这个小小岛国的 Kiribati 地区的多位领导人。

和我们一起参加欢庆仪式的还有二百五十位宾客，我要说，那真是个欢快的时刻。那一天是我的领导人生涯中最辉煌的时刻。就我所知，历史上没有任何非营利组织曾完成过这样的任务。EQUIP 是第一家。在此之后，我本可以光荣隐退，完全可以。但是我真的不能。虽然我很满意我们所取得的成就，但是我知道这不是我们的终点。我感觉到内心里前进的动力，激励我去冒更多的风险，去看看我们可以达到什么目标。我希望这些遍及全世界的受训的领导人能接受新的挑战：成为自己国家里变革的推动者。

在我审视这个计划的时候，我在想，如果我们真的能做到这一切，那会发生什么事情呢？我们有胆量去思考这个问题吗？这个梦想是不是太大了？实现的概率有多少？我必须面对现实。靠这些领导人的催化剂作用来推动整个国家变革的可能性非常低。

另一方面，我以前曾经管理过高风险的投资公司。我的结论就是：要想承担这份责任，我必须有内在的动力。这么大的事情已经超出了我的能力。这不适合我。我必须相信，是上帝想让我来帮助他人。最后，我内心里有了这种自信和使命感。

接下来，我必须确保，其他人能够追随于我。我相信这点。我还知道，我随时能接受挫折、失望、坏消息、失败甚至损失的可能性。这些因素制约不了我，也阻挡不了我（如果你想了解我们，请登录http：//iequip.org）。

我了解自己，我宁愿做大事失败，也不愿做一些没任何影响的小事。这就是我的决定。我和这些为数不多的变革领导人将要承担这高风险的任务，去帮助把变革的观念带到整个国家。我们或者成于大事，或者败于努力的途中。

想增加风险能力必须知道的事

也许你正在面对风险的挑战，也许你正在考虑做一个高风险的项目，也许你渴望去做大事，也许你感觉有件充满风险的大事正要发生。如果这样，那我很了解你的感受，因为我也有过同样的经历。

另一方面，也许一生都没有冒过风险，你发现这样的生活妨碍了你的发展，限制了你的能力。不论你现在的处境如何，本章的剩余部分都可以帮你做出风险方面的正确抉择。下面这几点建议可以帮助你承受更多的风险。

1. 在高风险时期，现实是你的朋友

商人、作家马克思·德·普雷（Max De Pree）说过，领导人的第一职责就是了解现实情况。对那些马上要去冒险的人来说，情况同样如此。在冒险的时候，你不能依靠一厢情愿的空想和别人的宣传，因为这些东西无法改变风险的程度。你要明白，自己的困难何在，做最坏的打算，密切地关注事态的发展。

在我决定要发起全球性变革倡议的时候，我就是这样做的。我招募了一大批有志参与这场变革运动的人。我知道，我的第一职责就是要了解现实情况。如我所说，我告诉大家，成功的概率很低，前途艰难。我

确信，其需要的时间和代价要超出我们的预期，其难度要远超我们的想象。但是我们还是要去努力尝试。

也许我比别人更乐于去冒险，因为我有一次差点死亡。没有什么东西比几乎丧命可以使得生命更加真实。用史蒂夫·乔布斯的话来说："很多人会陷入思维陷阱，认为自己会有所损失，避免这种陷阱的最好方法就是想着自己很快就要死亡。你已经赤裸裸一无所有，这时候没理由不去遵从自己的心声。"

死亡随时可能降临到我们每个人的头上。我们的生命不会永恒。我们实现自己人生价值和挖掘自己潜能的时间有限。这种限制有多大，我们不知道。所以我们要时刻保持活力、活得真实。这就意味着，不论发生什么情况，我们都要面对现实，承担风险。这是我们唯一可引以为傲的遗产。

在评估风险的时候，我们该如何看待现实情况呢？请你问自己几个问题：

- 别人做过这样的事情吗？
- 结果可能有多糟糕？
- 结果可能有多好？
- 我可以尝试一下吗？
- 有没有犯错的余地？
- 过去的经验是否证明了它的可行性？
- 我是否相信自己？
- 我是否相信自己的团队？

你问的问题越多，你就越能够衡量风险的大小，判断这次冒险的可行性。

2. 你必须学会在舒适区之外变得很自在

冒险通常不是舒服的事情。它需要我们离开自己的舒适区。然而在我们冒大风险的时候，这正是我们要做的事情。你该怎么办？

对我来说，我第一次做的所有事情都几乎吓得我半死。第一次演讲，吓到我怀疑人生；第一次董事会，我吓得浑身僵硬；第一次婚礼，我差点昏过去。我的第一次做得都很差，总是被吓得胆战心惊。也许这就是我表现不好的原因。

在经历过多次的恐惧和担忧之后，我想我需要想办法来解决恐惧问题了，于是我这样做了。它并没有完全消除我的恐惧，但是恐惧被控制在了能使我敢于冒险的程度。我是这样做的：

● 认同：我是谁？我是一个可以做大事的人。

● 行动：我该做什么？不管自己的感受如何，行动起来，去做正确的事情。

● 感受：接下来该怎么做？我会让自己的行动来塑造自己的感受。

我有什么发现？每当我鼓足勇气做出正确的事情，而不是屈服于自己的感受时，我的意志都会战胜自己的恐惧。我内心的恐惧从没有完全消除，但是这些恐惧不再控制我的头脑。

我很喜欢作家史蒂文·普莱斯菲尔德对这个问题的看法："外行认为自己必须首先战胜恐惧，而专业人员知道，恐惧永远无法被完全克服。"既然你无法战胜恐惧，你就必须学会处理它的方法。我把这样的做法称为"在舒适区外保持舒适"。

要想在面对风险时勇敢前行，你就必须学会解决自己的感受和内心的怀疑。为了使我能在高危的情况下继续成功，并且能给我的团队在行动上做出表率，我必须学会在不舒服的时候保持舒服。我是怎么做到的？

> 外行认为自己必须首先战胜恐惧，而专业人员知道，恐惧永远无法被完全克服。
>
> ——史蒂文·普莱斯菲尔德

我不看镜子

首先，我不再把注意力放在自己身上。我时刻要记着，我不是这个世界的全部，我不该担心别人看我的眼光。我这样坚持了好几年的时间。最初做公开演讲的时候，我戴

> 给我看看一个担心自己看起来糟糕的人，我就会让你看看每次你都能战胜他。
>
> ——布洛克

了一副眼镜，想借此让自己看起来更文雅一些，结果我看起来更愚笨了，因为我并不需要它。著名的棒球运动员布洛克（Lou Brock）说过："给我看看一个担心自己看起来糟糕的人，我就会让你看看每次你都能战胜他。"所以我绝不应该担心自己的外表。

我不计算损失，而是计算我获得的教训

我天性好胜，喜欢赢，不喜欢输。以前的我，事事都要与人一争高下。我总是避免失败，想方设法增加自己的胜面。现在不是了。如今的我不再避免失败，而是从失败中学习。

我常问自己："我学到了什么？"这是为什么？因为我们在失

败中学到的东西要大于我们成功的收获——条件是，我们要愿意吸取教训。当你能够更多地从失败中学习而不是避免失败时，你就会适应风险。

少注意恐惧，多关注梦想

我崇拜的一位英雄是水晶大教堂的创始人罗伯特·舒勒（Robert Schuller）。他在自己的作品《成功永无止境，失败不是终结》一书中说道："当你开始再次梦想的时候，你就开始由'外'重新向'内'。"换句话说，当你专注于你的梦想时，你的心就会百分之百投入其中。

3. 优秀的领导力会给你更大的成功机会

我说过的最为有名的一句话就是：成也领导力，败也领导力（Everything rises and falls on leadership）。在高危时期尤为如此。领导力的高低必须与风险程度的大小相应。如果你想要做大事，你就需要优秀的领导力。要么你自身就是优秀的领导人，要么你找搭档来帮助你。如果你想要做更大的事情，你就需要许多的领导人。没有优秀的领导人，任何雄心勃勃的企图都注定要烟消云散。

有时候，我真的希望时光倒流回自己最初做领导人的时候。在那时，没人认识我。没人关心我的行动，也没人对我抱什么期望，我最开始犯的那些领导方面的错误几乎无人知道。但是如今大家都在关注我。更重要的是，更多的人的生活取决于我领导力的高低。我不想让他们失望。

不断增加自己的领导力。你的领导力增加得越多，你承担风险的能力就越高。如果你已经是一个领导人，你就需要给他人提供一个有利于冒险的环境，以使得他们乐于去解决自己内心的恐惧，并能朝着舒适区之外的地方迈步向前。

瑞士洛桑国际管理学院的丹尼森说过："做未知的事情总是需要额外的代价，人们只有在感觉有把握的时候才会去做，领导人的工作就是创造这种安全感。"

4. 风险越大，你就越需要他人的帮助

虽然梦想一下冒险的潜在收益也是一件很有意思的事情，但是现实情况往往使得我们忍不住要大喊救命。风险越大，我们就越需要他人的帮助。而且要想成功，你不仅需要帮助，还需要合适的帮助。

当我初次创业的时候，我常常事事亲为。随着我的领导力的增加，我开始招募人员到我的团队中来，但是我想要把所有的人都招募进来，我想要让所有人都开心快乐。我更像是一个民意测验的整理者，而不是一个冒险者。我的问题在于，我不害怕失败，而是担心他人对我的看法。由于这种想法，所以我总是避免冒险，怕的是万一失败了自己会很难看。

有一次，我的一个朋友对我说："不要担心别人对你怎么看，他们甚至都不看你！"这时，我在改止这个错误的路上才迈出了第一步。

我必须战胜自己。我要做的是多看现实而不是他人的看法。这是我发展路上的重要一步，它增加了我的抗风险能力和行动能力，也使我在招募人员时眼光更加敏锐。

群众运动不是起源于群众，而总是起源于少数人。但是假如这少数几个人行事得当，这就建立了群众运动的潜在基础。那么，这样的人都

有什么特点呢？

他们喜欢挑战

多年来，我一直认为成功者会主动迎接挑战，而懦弱者会逃避挑战，当你抛出诱人的前景时，它既是吸纳机，也是分流器。喜欢挑战并且能力高的人会聚集在你的周围，那些懦弱的人则会离去。你的前景的诱人程度决定了签约者的能力。你想要吸引能力更高的人吗？那就用以下问题来挑战他们。

招聘：能承受高压力、渴望有成就者。报酬：一场需要百分之百努力和投入的人生大冒险。欢迎有志者报名。

如果你想要招募的人看到这个招聘时没有激情沸腾，那他就不是你这个团队的合适人选。

他们都玩大的

纳尔逊·曼德拉说过："一辈子做那些低于自己能力的事情——做这样的小事毫无激情。"我知道有些人认为玩大的有危险，但是你

> 一辈子做那些低于自己能力的事情——做这样的小事毫无激情。
>
> ——纳尔逊·曼德拉

知道还有比这更危险的事情吗？从不冒险。如果你什么也不做，那么你也不会有任何成就。

多年前，我曾读过一首小诗，说的就是那些一辈子只玩小的、从不冒险的人。诗是这样写的：

从前有一人，从不冒风险
生活求安稳，万事不尝试
从不哈哈笑，也无痛声哭
忽然寿限到，人到阴间去
福利被剥夺，保险被取消
人生无风浪，要之何所益？

哇，多令人伤心啊！而那些玩大的人就完全不同，假如一开始获得了成功，他们就会尝试更难的事情。这

> 欲有非凡之物，必做非凡之事。
>
> ——比尔·帕维斯

些大玩家也许不一定有很多共同点，但是有一点是相同的：他们都愿意冒险。我的朋友比尔·帕维斯（Bill Purvis）在我的团队主持的一次会议上说过："欲有非凡之物，必做非凡之事。"如果你希望你的团队成员能够冒大的风险，那你就要招募那些明知山有虎、偏向虎山行的人。

他们都诚实

当你在承担巨大风险、想要做大事的时候，你希望你的团队成员都能了解自己、诚实可靠。他们要知道自己的能力何在、风险何在。作为一个领导人，你需要确保他们都明白这些事情。

最近我给我们的一大帮教练做了一次有关改革方面的演讲。当时我们正准备动身前往巴拉圭。我希望大家都能审视自己，明白自己的位置。所以我就谈到了短期领导人和长期领导人的区别。

短期领导人会问："这件事需要多长时间？"

长期领导人会问："我可以走多远？"

短期领导人认为大事做起来很容易、很快捷；

长期领导人认为做任何大事都像推石头上山。

短期领导人靠情感来控制人；

长期领导人靠个性领导人，并且会让这些个性给大家以力量。

短期领导人的外在比内心更为强大；

长期领导人的内心比外在强大。

这些教练大都是想要成大事的人，所以他们很快就想到了做长期领导人的前景。在我演讲结束的时候，大家都起立欢呼，他们已经迫不及待地要出发了！

这就是我爱他们的原因，他们都想要让自己的人生与众不同，他们知道，任何伟大的事业都起始于参与者的内心。只有你的内心已经走遍全球，你才可以周游世界。

即使你没有开公司，不是领导人，手下也没有团队，在承担风险的时候，你仍然需要帮助。你要找些愿意接受挑战的志同道合者来帮助你，这会极大地提高你的抗风险能力。

5. 承担风险永远都需要勇气

作家阿娜伊斯·宁（Anaïs Nin）[①]说过："一个人的生活可以丰富

[①]　阿娜伊斯·宁：是世界最著名的女性日记小说家、西班牙舞蹈家，著名作家亨利·米勒的情人。她被誉为现代西方女性文学的开创者。1903年2月21日出生于巴黎，父母均出身音乐世家，1977年死于美国的洛杉矶。她一生出版了十一部日记以及多部小说和诗歌。曾经执导《布拉格之恋》的美国著名导演考夫曼将她的日记的第一部改编成电影《亨利与琼》，中国香港译名《情迷六月花》，中国台湾译名《第三情》。

多彩，也可以平淡无奇，它与个人的勇气成正比。"如果你想要扩展自己的能力，进而扩展自己的生活，你就需要承担更大的风险。你需要承受孤独，你需要鼓足勇气去做他人也许不会做的事情，不仅仅是因为你想要冒险，而是因为你可以看到其中潜在的回报。

这样的风险不仅可以扩展你的可能性，而且可以鼓励他人来与你一起努力。人们总是会追随有勇气的人。在创业

> 如果你不是生活在边缘，那你就要占据过多的空间。

之初能够承受孤独、面对众人反对的人会赢得他人的尊重和信任。慢慢地，其他人就会因他的勇气而聚集在他的周围。

有人说，如果你不是生活在边缘，那你就要占据过多的空间。风险本就是生活的重要组成部分。出版业大家沃尔特·安德森（Walter Anderson）说过："只有冒险，生活才会改善。"

所以，你打算怎么办？布鲁斯·巴顿（Bruce Barton）说过："任何伟大事业的成功者都认为，他们的事业会带来比当下更好的前景。"你愿意提高自己的抗风险能力吗？你愿意承担做大事而失败的风险吗？你愿意从失败中吸取教训而不是仅仅着眼于失败本身吗？你愿意带领大家在舒适区之外保持舒适吗？

这些绝不是小事，但是如果你不愿意去做，那你还是舒舒服服地做小事吧。因为只有你乐于去冒险，你才能做成大事。我希望你是后者。

关于风险能力的问题

1. 你是否善于面对现实，评估风险？如果你不太擅长于此，你可以招募谁来帮助你计算风险的成本？

2. 在你准备承担巨大的风险时，你通常会如何看待领导力和团队的构成？请给出你的解释。你在这方面还有什么可以提高和改善的地方？

3. 你知道该如何来解决舒适区外的不舒服感吗？在面对恐惧时，你是勇敢地行动还是会止步不前？你在这方面还有什么可改善之处？

17

成长能力——选择关注你能走多远

个人成长是我特别喜爱的一个话题，这方面的内容我已经写过很多了。所以，我在这里要谈的内容和以前的有所不同。但是在我开始之前，我想先说几句开场白。

在成长方面对我影响很大的一本书就是卡罗尔·德威克（Carol Dwake）所写的《终身成长：重新定义成功的思维模式》（*Mindset：The New Psychology of Success*）。书中的很多结论验证了我在读这本书之前的很多想法和体验。德威克的结论就是：人们天生就具有一到两种思维模式。有些人有固定思维模式。这就是说，他们认为，自己的个人品质，例如说，智力、品格、创造力、人际交往能力等都无法改变。这一生中，这些品质是基本固定的。另外一些人拥有可成长的思维模式。这样的人认为，自己的个人品质可以提高和改善。

德威克发现，拥有固定思维模式的人总是在想办法证明自己的价值。她在书中写道："我见过很多这样的人，他们迫切地想要证明自己——不论是在教室里、在事业方面还是在人际交往中。每遇到一件事情，他们都会强调自己的智力、品质和品格。他们会在内心里估算：我是会成功还是会失败？我是看起来机敏还是迟钝？我会被接受还是会被拒绝？我会感觉自己是个成功者还是个失败者？"

与此相反，在德威克的描述中，成长思维模式会有助于人们寻找机会，发展自己。她写道：

具有成长思维模式的人认为，个人品质可以通过努力加以提高。虽然人各有不同——在天赋、资质、兴趣或者脾气上，但是通过实践和锻炼，每个人都可以改变和成长。

这是不是说，所有人都能成大事？是不是说任何人只要有适当的动机、接受过良好的教育就都可以成为爱因斯坦和贝多芬呢？不是，但是他们认为，一个人真正的潜力是未知的，在经过多年的渴望、努力和训练后，一个人能取得多大的成就，这是完全无法预测的事情。

换句话说，一个人的能力是无穷的。我们要做的就是去探索能力的扩展空间可以有多大。

尽管德威克的研究表明，人的思维天生就会分为两种模式，我还是认为，一个生来就具有固定思维模式的人也可以接受成长思维模式并获得提高和发展。德威克也证实了这一观点。她说我们可以做一个选择：

当你进入某种思维模式时，你就进入了一个新世界。在这一个世界里——固定品质的世界里——成功就是证明自己的智慧和才能。其目的在于验证自己。而在另外一个世界里——品质可变的世界里——成功是为了扩展自己，从而可以学习新的东西。其目的在于发展自己。

在这个世界里，失败就意味着倒退。成绩差、输掉比赛、遭解雇、被人拒绝。这表明你不够聪明、才能不足。在另外一个世界里，失败意味着没有成长，没有实现自己的目标。这表明你未能全部挖掘出自己的潜力。

在这个世界里，努力不是好事。它就像失败一样，表明你不够聪明、才能不足。如果你够聪明、有才能，你就不需要努力。在另外一个世界里，努力可以带来智慧和才能。

你希望自己生活在哪一个世界里？你想要改变吗？可以。在我的青少年时期，我认识的大多数人都具有固定思维模式。我从来不认可这一个世界。我意识到，我需要找到具有成长思维模式的人和地方。我要找的就是成长型环境。

在本章中，我要与你分享的就是有关成长型环境的内容。如果你具有固定思维模式，那么成长型环境将有助于你改变、成长和适应。如果你已经有成长思维模式，那么成长型环境将加速你的发展、提高你的能力。如果你是个领导人，那么你可以研究一番成长型环境的特点，并在你的部门和公司里创造出这么一个环境，这将有助于你的团队成员的发展。几年前，我在加拿大的 ATB 财团和他们分享了这些想法，他们深受鼓舞，并决定要全力为员工提供这样一种成长型环境。

成长环境是这样一个地方……

我研究过不同的环境，而且利用自己领导人的身份还创建过几种。在我四十多年的实践中，我总结了积极的成长型环境的十个特点：

1. 其他人都领先于你

你在你们班里名列前茅吗？如果这样，那么你选错班了。你需要寻找那些领先于你的人，这样你才可以向他们学习。我这一辈子，都在特别留意那些比我更快、更好、更聪明、更强壮、更有经验的人。当别人领先于我的时候，我才可以发展自己。你也一样。

　　最近当我去好身材健身公司做演讲的时候，我决定要去上一节健身课。当时班里有一百二十三个人，我敢确定我可以排到第一百二十三位。朋友，你说这是不是会让我要比别人更加努力？几年前，玛格丽特和我踏上了去往意大利的梦幻之旅，同行的旅伴在经济方面的见识远远超过我们，我通过饭间与他们的交谈学到了许多知识。最近几年，我参加了职业和业余选手混合高尔夫联赛，没有任何一个职业球员请我看他们推杆，但是我不断地观察他们的动作，悄悄地学到了很多技巧。当我主持会议的时候，我会邀请福特汽车公司的前总裁艾伦·穆拉利来做演讲，这时，我肯定是坐在前排记笔记。

　　虽然我很喜欢与人交流，但是我更喜欢向人学习而不是教授别人。我喜欢问问题而不是回答问题。我想，你可以说，我这个人在游泳池里一定喜欢深水区而不是浅水区。我会尽量拉近与人的关系，靠拢那些能帮助我提升的人。在这个过程中，我尽量不去考虑他们领先我的程度。比较只会打消我的勇气。相反，我会关注他们的成功经历，把它当作我成功的动力。他们到达的高度，也许我也可以达到。我只需要去做他们曾经做过的事情。与优秀的人在一起会提升我的能力。

　　如果我与他们同场竞技，我也许无法获胜。这没什么，我本就没有期望获胜，成长才是我的目的。

　　你的周围是否有领先于你的人？如果没有，那你该找几个了。

2. 不断挑战自我

　　许多人早晨起来就哈欠不断，而我喜欢早晨起来大口呼气。我知道，我每天都有新的大事要去完成。本周肯定也是这样。

我要和我们这个非营利组织里的一百五十位志愿助理培训师一起去组织许多国家的协商会议。我们的目标是明年要召集一百万人来参加协商会议。这个目标超出了我的能力。我还要和这一百五十位培训师去帮助我们曾经培训的那些遍及世界的领导人成为变革的领头人,这也超出了我的能力。本周晚些时候,我要和华尔街的八百位经理座谈,请他们对那些在精神上比在金融上对世界影响更大的事件做出评估,这也超出我的能力。本周我还要去给佛罗里达南方大学的毕业生们做一场演讲,告诉他们如何马上就成为一位杰出人物,而不是等到五十、六十或者七十岁之后,这也超出了我的能力。事实上,仅仅是写下上述内容就已经让我喘不过气来。

生活中有些最辉煌的事情需要花费大量的时间和精力。奋斗过程中的乐趣就来自奋斗道路上的发现。我们获得的知识和发现成了我们继续下去的动力。只有在长途跋涉之后,我们才能回首观望,沿途遗失什么。很快我们就会意识到我们还没有到达自己苦苦追寻的目的。

确切地说,其实我们完全知道,根本没有终点,但是我们喜欢这次旅程,我们渴望旅途中的成长经历。这时,我们就不会再问:"旅程要花费多长时间?"而是会想:我能走多远?

作家罗伯特·安东尼(Robert Anthony)说过:"有些人会在知识的源泉中狂饮,而有些人只是用它漱口。"你有什么能力?我有什么能力?我不知道。但是我知道,能力可以扩展。约翰尼·韦斯默勒(John Weissmuller)曾经被称为世界上最伟大的游泳运动员。他保持着五十多项世界纪录。他的医生和教练说过:"没人可以打破他的纪录。"你知道现在谁打破了他的纪录吗?一个十三岁的孩子。挑战只会让你更强。

3. 你的关注点永远向前

在积极的成长环境中，你的关注点永远向前。托尼·罗宾斯说过："目光所及，精力所向。"在你分心的时候，我给你的建议就是培养专注力，减少干扰。拒绝良好，你才能接受优秀。在我一生中特别忙碌的时候，在我想要专注于前方却又烦心事不断的时候，我写下了下面这封信。信从未寄出，但它是我的治病良方。

约翰·C.马克斯维尔，感谢你的好意，但是很遗憾，他无法接受你的邀请：发送亲笔签名、帮助你做项目、提供照片、读你的手稿、给你提供建议、做讲座、接受采访、参加会议、做电台访谈嘉宾、当会长、参加电视节目、做编辑、晚餐后做演讲、写书、写推荐信、签字背书、接受荣誉学位。

我年近七十岁，但是我思想积极，不固执保守，而且正努力变得更好。老年人常常谈论以往。他们常回忆"过去的美好时光"。我来告诉你吧，过去的美好时光并没有那么美好。老年人这么想，是因为他们老了，记性不好了。我不想回首往事，你也不应该这样做。

4. 氛围是充满肯定的

在我创业的时候，我父亲对我说："要重视你的员工，相信你的员工，无条件地爱他们。"他真正想说的是，要创造一种具有肯定性的氛围。

这也是我四十多年来一直努力在做的事情。他当时就知道了这点，而我现在才知道：人在受鼓励的时候，才会做得最好。

你生活和工作的环境是否能鼓励你表现自己？当你做出提升自己的选择时，你身边的人是否会鼓励你并为你欢呼？如果是这样，那你就太幸运了。如果不是，那你就该找一个大家能互相促进而不是互拖后腿的地方了。

5. 处于你自己的舒适区之外

前面你已经读过关于风险能力的这一章了，所以关于舒适区，我不需要说太多，但是我要告诉你：舒适区里无成长，成长区里无舒适。

我的朋友、约翰·C.马克斯维尔团队的总裁保罗·马蒂内利说过："你生活中需要的一切都在你的舒适区之外。"我认为这话说得对。在谈到成长问题时，情况同样如此。

当你处于自己的能力和舒适区范围之外的时候，生活是场灾难。

当你处于能力范围之内和舒适区之内的时候，你是在怠速滑行。

当你处于能力范围之内和舒适区之外的时候，你就是在创造一个新我。

我脱离舒适区的方法之一就是主动迎接新挑战。今年，我已经在秘鲁尝试了高崖跳伞、在科罗拉多滑过雪、在艾奥瓦州和总统候选人一起乘车为初选做宣传、写过一本儿童读物、指挥过一支管弦乐团。我还希望今年能学会滑滑板、和我的家人一起拯救

> 舒适区里无成长，
> 成长区里无舒适。

危地马拉的一名营养不良的儿童，也许我还要来一次飞机跳伞（这可真是在我的舒适区之外）。我希望到死我也不会混淆两者的区别。你呢？你会经常脱离自己的舒适区吗？

6. 醒来时感到兴奋

对我来说，这一生中最大的困惑就是，为什么这个世界上有这么多无聊的人。他们每天醒来后就哈欠不断。我绝不会过这样的生活。每天清晨醒来，我都会有出发前的兴奋。为什么？

我要去帮助别人

我喜欢帮助别人，我帮助的人喜欢我的帮助，还有比这更好的事情吗？

我很擅长我要做的工作

我不善于做很多事情，那些超有能力的人让我钦佩，可我做不到他们那样。我只善于做几件事情，但是我做得特别好。这实在是很有意思的事情！有能力做好某事，然后还可以不断地去做，这的确是很美好的事情。

我越来越擅长我正在做的事情

我仍然在不断地提高自己，我不确定提高的过程有多长，但是我喜欢这个过程。

我喜爱我的队友

我有一个了不得的团队。其中的几个队友已经跟我合作了二十多年，他们是我可信赖的朋友，而且个个能力超强。他们是我的知心朋友，总是给我以安全感。团队里的新成员都精力充沛，富有创造力，给我带来了最快乐的时光。在我写下这段文字时，我的脸上都忍不住露出笑意。我爱我的团队。

我的使命就是与众不同

我现在做的是命运对我的呼唤，而不是一份职业。职业是你可以更改和放弃的，而使命是不能选择的，它是实现自己命运的机会。

> 职业是你可以更改和放弃的，而使命是不能选择的，它是实现自己命运的机会。

每天清晨你是否会心情激奋？我们每天都要做一次选择：是利用机会成长，还是忽略这些机会？你的选择是什么？

7. 失败不是你的敌人

成长型环境的另外一个特点就是，你可以甚至被鼓励失败。有一次，在一个领导人会议上，我说，我对尝试的渴望大于我对失败的恐惧。后来，大家因此问了我很多与失败有关的问题。其中一个问题是："你是什么时候知道失败不是你的敌人的？"我的回答如下：

- 当你重视失败带给你的教训时。失败不可避免，是否能从中学习却是你的选择。
- 当失败可以帮助你培养韧性时。埃里克·格雷坦斯把韧性称为有方向的忍耐力。

- 当你可以用你的失败经历来指导别人时。当你可以与他人分享你的失败经历时，你就不再害怕失败。

我喜欢对别人谈起我的失败经历和我在失败中得到的教训。现在大家都可以看到我站在了我这个行业的顶端，但是我希望大家知道我的起点在哪里。为什么？我不希望人们看到我已经到达了旅途的终点，这会打消别人开始的勇气。如果两者之间的差距很大，这样的情况就很可能出现。而如果他们在前进的过程中可以看到我，那他们就会深受鼓舞。他们会说："如果那个小伙子可以做到，那我也可以！"

8. 其他人都在成长

演讲者吉姆·罗恩说过："你的成就超不过你的发展程度。你不是在实现目标，你是在融入其中。"这话说得真好。如果你想要融入你的目标，你就会与那些处于成长期的人交往，这会使你获益匪浅。

> 你的成就超不过你的发展程度。你不是在实现目标，你是在融入其中。
>
> ——吉米·罗恩

如果你周围的人不在成长，那么你所处的就不是成长型环境。我想要的是自己和他人都能成长的环境，这才是我需要的地方。作为一个领导人，我有责任创造出这样的环境。这可不是一件容易事。这些年来，我已经学会了绝不低估自己在个人成长方面的能力，同时也绝不高估自己在帮助他人成长方面的能力。在我创业之初，我以为帮助他人成长是件很容易的事情，但是我发现不是所有人都愿意成长。在经过几次失败的尝试之后，在帮助别人成长之前，我开始问自己三个问题：

他们愿意成长吗?

他们有这样做的意志力吗?

他们能做到吗?

答案必须是肯定的，否则为什么要把时间和精力浪费在他们身上?顺便说一下：我自己不回答这三个问题。我要求那些我帮助的人来回答这些问题。我的努力取决于他们的回答。

9. 人们渴望改变

我的朋友德·布鲁克斯说过："每一阶段的成长都需要新的变化。"说得很对。我们可以改变，但是不一定成长，而如果我们要成长，那就一定要改变。

在我事业的早期，我以为我可以找到自己能做好的一件事，然后一直做下去。最初，我以为这件事就是做牧师。然而，现实情况是，到现在为止，我最少换过十种职业。下面就是我以前和目前所做的角色：传教士、牧师、演讲者、培训师、供应商、咨询师、作者、导师、创业者、领导人、企业家、父亲。这其中的变化太大了。虽然我的能力可以适应每一个角色，其过程却千变万化。只有成长才能保证我们的明天更加美好。

你的面前有很多机会之门，你只有打开它们、步入其中才能进入人生的下一阶段。许多门暗含危险，有时候，你需要回头，关闭这扇门，换一个不同的方向。这很正常。它本就是改变的一部分。当一扇门无法通向自己的目的时，那就回转头来。我就多次做过这样的事情。这些年来，我关闭了很多扇门。甚至对于何时该关门，我都总结出了一系列的问题。请你问一问自己以下这些问题，如果你的答案是肯定的，那你就该转身并关上你身后的门了。

（1）这扇门是否不如我刚打开时那样有前途？

（2）这扇门是否有一些以前没想到、不利于我发展的因素？

（3）我是否没能发现任何有价值的东西？我是否未能做到门后的所有事情？

（4）我是否因为这扇门太耗费时间而错失了其他的机会之门？

（5）在了解了目前情况后，我以后是否会避免踏入同一扇门？

顺便说一下，如果你无法确定自己能够诚实地回答这些问题，那你就再多问自己一个问题：那些最了解我的人是否会认同我刚才给出的五个回答？当你在思考怎么回答问题时，请你记住以下这些建议。

（1）不要害怕后退。当你退得明智时，你并没有失去自己的阵地，你只是找到了立足之处。

（2）如果你还没有从这次经历中有所收获，那就不要关闭这扇门。

（3）关门并不是要放弃。你再去打开另一扇门。放弃一件事的时候，要另找其他事情来做。

（4）如果你不断地打开、关闭同一扇门，那你的问题就不是缺乏机会。问题在于你本身。请那些最了解你、最爱你的人来给你提一些人生建议。

改变很难，然而要想成长必须改变。我希望我的这些关于机会之门的见解在你探索人生的旅途中能对你有所帮助。

10. 成长可以效仿，且备受期待

在我的《个人成长力 15 法则》一书中，我谈到了榜样法则。书中说，一个人如果除了自己没有其他榜样，那他是很难提高的。所以，好的榜样和对成长的期待在一个积极的成长型环境中是非常重要的。最理想的情况是，这个榜样来自最上层，从上而下一直影响到了公司的每一个角落。任何人都不会因太高或者太低而无法成长。下面两个问题可以帮你来判断，你的环境中是否有榜样？大家是否期待他人的成长？

（1）在这家公司中，谁最能挖掘我的潜能？

（2）我从谁那里学到的东西最多？

如果，你能轻松地列出上面两种人的名字，而别人也会把你列为成长的代表人物，那么你所处的就是成长型环境。

不要随波逐流

我希望你能把成长作为自己和你爱的人的优先事项。这是对你最重要、最有益的一项选择。可悲的是，太多的人没有做对这项选择，而是选择了我称之为尼加拉瓜之旅的路程。他们跳进生命之河中，顺水而下。他们不主动作为，也不选择自己的目的地，只是随波逐流，让河水选择自己的生活道路和速度。主导他们的是环境，而不是自己的价值。

忽然有一天，他们听到了河水的轰鸣声。这时，他们才意识到自己的处境，但是一切为时太晚。洪水吞噬了他们，他们顺着河水一路下落。有时候这种下落是情感方面的，有时候是身体方面的，有时候是经济方面的。

拯救你自己的时间就是现在，而不是你已经顺流而下的时候。你要做的就是提高自己的能力，调整自己的人生道路。这就像是你给自己制造了一辆汽车，你开着它在宽广的大路上一路向着目的地奔驰而去。天命由人而定。我希望你选择的是后者。

关于成长能力的问题

1. 你所处的环境具有上述哪些特点？可以据此判断你的环境吗？你需要做出改变吗？如果需要，那你要改变什么？

2. 你选择谁来做你生活的导师？你目前有导师吗？如果没有，你应该找谁来帮助你提高自己？

3. 你的生活方向是什么？要想到达目的地，你要如何提升自己？你有什么措施？

18

合作能力——选择与别人合作

要想消除制约你能力的障碍，这是你要做的另外一个重要选择。我把这一章放在最后，是因为合作能力也许是个放大器，它可以迅速增加所有其他选择的影响力。这话的本质包含在据说是特蕾莎修女的一句话中："我做的你不能做，你做的我做不了。你我一起合作，就能成就大业。"不论这话是否为她所说，其中谈到的就是合作关系——与他人共事的选择。

我得到这一教训是因为我在个人创作方面撞了南墙。无论我如何努力，我也做不到更快更长。只剩下一个可行的选择：与人合作。

这时，我想到了伟大的安德鲁·卡内基的话："当你认识到他人可以帮助你更好地完成工作时，你的人生就进入了新的发展阶段。"自那以后，我和数百人有过合作经历。我向你保证，如果你想要倍增你的效率，你就需要与他人合作。

> 我做的你不能做，你做的我做不了。你我一起合作，就能成就大业。

这需要优秀的合作伙伴

本书的创作就是合作的最佳事例。对能力问题我已经思考了大约两年时间。在第一年里，我辛勤工作，到处寻找各种建议，以帮助我理解能力这个问题。有时候，我找到了很好的素材，其中的每一件事都可以作为能力方面的种子。其他时候，我就翻耕土地。经过数月的劳作，这些种子终于发芽了。

它们有些被当作了引言，有些变成了法则，有些成了要点或者章节的标题。整个书籍成了各种观点的花园。还记得思考能力这一章吗？我在这一章告诉了你我的思考过程，我就是这样处理这些观点的。它们在我脑子里保存了很长时间。在我向读者展示它们的价值之前，我必须先明白它们的价值。

一旦我明白了这一点，就形成了本书的论点和大纲。这时，合作就开始了。我请来一群才子出谋划策。我找他们来不是希望从他们那里获取创意，而是希望他们帮助我改善和扩展我已有的思想。

有时候，我们谈论几小时，有时候，要花上半天时间。我提前把我的大纲给他们，好让他们做好准备。我希望他们改善其中的优点，剔除其中的缺点，提出新的观点。每次召开这样的会议，我都会满意而归。

在这之后，我写了几个月的时间，然后又与查理·怀特兹合作。这些事情我在思想能力那章中已经说过了。接下来，出版商拿到书后，又一场合作开始了。他们的编辑人员把文本编辑为最终的形式，设计出封皮和图案，然后印刷出来。他们的销售队伍再把书拿到市场上去。我则是跟书商以及与此有关的其他人员合作，此书这才能到达你们手中。没有他人的帮助，这一切都不可能完成。

合作思维模式

你相信合作吗？你会培养合作能力吗？如果你认识不到合作的威力，那么你就这样做：你一个人努力做一件事情，经过很长时间后，你发现自己已经尽了全力，却无法做得更好。这时，你找几个专业人士来，请他们帮助你。你会感到既惭愧又幸运。惭愧的是他们对事情的改善是多么快捷，幸运的是他们的改善幅度是如此之大。

如果你还没有找到合适的合作方，那说明你离能力的实现还差太远。请你问一问自己以下几个问题：

你上一次请人帮助是什么时候？你上次认识到别人可以提高你的能力是什么时候？

你上一次渴望有人给你提出新的观点是什么时候？

你上一次赞同别人的想法是什么时候？

你上一次寻求别人的建议和意见是什么时候？

上一次别人帮助你提升自己的能力是什么时候？

你上一次信任别人是什么时候？

与人合作就像是做加法，一加一的结果是三。我今年快七十岁了，我最好的时光就是现在。为什么？因为合作放大了我的努力。我的公司在快速上升，而不是下滑。我尽我的努力帮助别人，结果获得了更大的回报。

如何做一个优秀的合作伙伴

　　要想有良好的合作关系，你就需要做一个优秀的合作伙伴。最近，约翰·C. 马克斯维尔公司与亨德里克汽车公司签署了合作协议。在协议正式启动的那一天，数百名来自亨德里克的领导人和我与我的团队见证了这个激动人心的时刻。我代表约翰·C. 马克斯维尔公司向亨德里克公司伸出了合作之手，之后，我就"合作的潜能"做了演讲。现在我把那天的内容拿来与你们分享。

　　要想成为一个优秀的合作伙伴：

1. 把他们的日程安排放在你们的上面

　　如果你想要与别人合作，那你首先要去他们的公司拜访他们。找到共同点，把他们的日程表放在你们的上面。从本质上讲，要做一个服务型领导，每天都要算一算，你播种了多少，而不是你收获了多少。

　　在我们这一行里，这方面做得最好的就是我公司的执行总裁马克·科尔。我公司的数百位领导人和其他公司的领导都对科尔评价其高。对我这个七十岁的人而言，我感觉到很幸运。马克是我最好的助手，因为他总是把我的日程排在他自己的日程之前。

　　在我写本章内容的过程中，我请马克写下自己的做法，目的是希望你们也能从他的视角中有所收益。下面就是马克自己的陈述。

　　我不会把约翰的日程安排放在我的日程之上，因为他的日程就是我的日程。对我或者任何强势领导人来说，这不是天生就会的做法，这是纪律和约束的结果。这些年来，我不断学习如何才能更加信任我的老板，我不考虑自己的需求，只考虑什么才是正确的选择。

　　下面就是我的具体做法。

我随叫随到

　　如我所说，约翰的日程就是我的日程。在约翰需要我的时候，我的任何日程都可以做出调整。我时刻在考虑，该怎样做，才能使得我们的目的相一致。

我每天都靠近他

　　拉近我们的距离，这是我把他的日程作为我的日程的唯一方法。每天我都要做两件事：或者让他保持在我的视线之内，或者保持彼此的电话通畅。

我会向他提问，以理解他的目的

　　约翰告诉过我，当领导人不能靠假想。在我们交谈的时候，我经常会提问题。由于我经常代表他发言，所以我与他人的交流必须反映他的意向。当人们看到我的时候，我希望他们想到的是约翰。当他们听到我的发言时，我希望他们听到的是约翰的声音。

我给予他自我成长的空间

　　约翰非常善于抓住商业机会，他希望自己的选择能确保公司的成功。我从不把他的日程当作不可侵犯的圣牛，而是给他改变、梦想和成长的空间，我和约翰合作的基础就是彼此间的灵活安排。

我要确保我的属下都知道约翰和我意见相同

　　我希望所有人都明白，我时刻代表约翰，他的观点就是我的想法。

这可以确保我的团队能够按照约翰的领导来做出调整和安排。不明白这一点，就会迷失我们前进的道路。如果团队的成绩不能归根于约翰的领导，那就会产生众多的小圈子。

我的责任就是解决那些影响约翰日程安排的难题

当公司领导们的行为对约翰的安排有益的时候，我就会表扬他们。当有人对约翰的计划抱有怀疑时，我就会与约翰商谈并提出解决方案。

我爱我的老板和他的日程

因为我了解约翰的意向，所以我可以把握他的日程安排的核心。多年的合作使我们能够思想一致。这不是合作的种子，而是合作的成果。有了合作的种子，我就会把约翰的日程当作我自己的日程，有了合作的成果，我就可以把这些日程安排落实到位。

如果你想与人合作愉快，那你就需要把合作伙伴的日程当作你的日程。只有当你们目标一致的时候，双方才可以步调一致。

2. 每天都要给对方增加价值

给对方增加价值，这是保持合作的唯一方法。当一方的所得大于付出时，合作就会破裂。中国有句老话："一个人也许可以一时当领导，但是如果他能帮助别人成功，他就可以一世做领导。"我的公司致力于增加别人的价值。约翰·C.马克斯维尔团队给众多的教练和演讲者颁发证书，他们每天都在为成百上千的人增加价值。EQUIP已经训练了世界上五百万的领导人，让他们每天去给别人增加价值。

约翰·C.马克斯维尔领导人基金会培训人们，目的就是增加他们的价值，提升他们作为变革型领导人的能力。对那些希望自己的领导人能够提高和成长的公司、组织，约翰·C. 马克斯维尔公司会提供资源和培训来帮助他们。我和我的团队清楚地知道：

　　如果我们想要明天有机会与他人合作，唯一的方法就是在今天就去增加他们的价值。如果你想做一个好的合作伙伴，想要提升自己的合作能力，那你就需要去增加对方的价值。

3. 把你的影响力、观点和工具作为资源提供给他们

　　我这一生最大的乐趣之一就是给人提供资源。在我刚开始培训领导人的时候，我意识到光是教授还不够。如果我能把自己的资源提供给他们，那他们的领导人就能达到一个全新的高度。如今，我常与人分享三件东西，希望以此帮助他们。

　　影响力——在我认识的人中，他们应该认识哪一位？

　　我自己就因为结识了一些有影响力的人而深受其益。杰夫·布朗（Jeff Brown）介绍我认识了约翰·伍登，后者如今成了一位导师。斯科特·费伊介绍我认识了保罗·马蒂内利，后者现在是约翰·C. 马斯韦尔团队的领导人。里克·戈德（Rick Goad）介绍我认识了任伯谊（Ron Puryear），后者现在是万维筑梦者（World Wide Dream Builders）集团的创始人。你认识的人中，哪些是你的合作伙伴应该认识的？你该怎么做，才能让那些本无法联系的人走到一起？这是为他人增加价值的一种奇妙方式，也是良好的合作之所以能促进双方关系的原因之一。

想法——我知道的东西中，有哪些是他们应该知道的？

我的朋友肯·布兰卡德（Ken Blanchand）说过："我最好的一些想法都是由别人完成的。"我也是这样。我要补充一句，就像我在本章开头说的那样，我最好的想法都是和别人一起完成的。

在你与他人共享你的创意时，你该怎么做才能帮到他们？你能给他们什么他们自己没有的东西？在你与人分享你的想法时，你自己没有任何损失，但是你大幅提升了合作伙伴的价值。

工具——我有什么工具可以为他们所用？

工具就是已经被实践证明了的制度和方法。我发现，制度是实现预期目标的最佳路径，方法是达成预期结果的最佳手段。你有什么能帮助他们提高的制度和方法可以与你的合作伙伴分享？

我天性好胜，多年来，都想要胜人一筹，即使我们是一个战壕里的战友。我必须学会与他人分享。分享不仅可以帮助他人，还带给我内心的满足，因为我知道自己也可以成就他人。

4. 不断调整自己的服务，满足对方的需求

作为合作伙伴，我的第一责任就是了解你、了解你的公司、了解你的需求，明白自己该做什么来增加你的价值。怎么了解？问你问题。问题是最好的沟通工具。

例如，本周我要去拉斯维加斯的慷孚公司做演讲，这是一家优秀的技术公司。我先跟公司的执行总裁鲍勃·哈默共进午餐和晚餐，借此了

解他们公司。然后，我又打
电话给他们的四位领导人，
请他们谈谈公司的大会。谈
话中百分之九十的时间都是
我在提问。

> 我最好的一些想法都是由别人完成的。
>
> ——肯·布兰卡德

有了他们的回答，我在演讲中就可以充分地为他们增加价值。他们今年的主题是"超越"，所以这就是我的演讲话题，我在演讲稿中添加了能够满足他们需求的图表、创意、法则和应用方法。这是我作为合作伙伴的职责和荣幸。

我同样也为我自己公司里的领导们服务。我每年都会问他们："在成长型环境方面，今年我能为你们做什么？"每个人的需求和期望都不相同，如果我不问，我就无法知道。假想式的领导是效率低下的领导。

你是否会根据合作伙伴
的需求而对你的服务做出调
整？如果不是，那你们的合作
就无法长久。

> 假想式的领导是效率低下的领导。

5. 坚决不要糟蹋对方对你的信任

信任是坚实合作的基础，它的建立需要时间，而且要经过时间的检验和证明。一旦彼此有了信任，合作的双方就会因之而受益，而你们的合作也会因此而更加顺利。

当约翰·C.马克斯维尔公司开始与亨德里克汽车公司合作的时候，我很快就发现他们公司的人都很信任自己的队友。在我去他们公司拜访时，一位叫吉姆·帕金斯（Jim Perkins）的领导人找到我并跟我谈起了公司的创始人瑞克·亨德里克。吉姆说："我宁愿和亨德里克做口头交易，也不愿与某些人签合同做交易。"这就是信任！也许你从其他合作伙伴那里得到的另外一个最高奖励就是："我可以信赖你。"

我希望约翰·C.马克斯维尔公司可以获得他们的信任，所以我就把亨德里克公司的所有领导人都介绍给了约翰·C.马克斯维尔公司的总裁，另外我还把他的私人电话号码给了他们，对他们说："只要你感到我们在合作中有什么做得不到位的，给他打电话，他会立刻改正。"

要想做一个好的合作伙伴，我们需要特别增加对方的价值，不辜负对方对我们的信任。

6. 在你做的方方面面超越对方的期望

最近这些年，我因为在领导人培训这方面的贡献而得到了大家的认可。刚开始，我对这些荣耀感到很惊讶，但是静下心来，我想到了这四十五年来，我的努力一直超出了合作方对我的预期。所以我想，我们的成功靠的就是缓慢但是稳健的努力。

在我最初创业的时候，没人对我有什么期望。所以我给自己设定很高的预期值，并努力来实现它。我下决心要提高自己，并努力为之奋斗。我的朋友凯琳·福特（Karen Ford）是玫凯琳公司的销售部长，她说过："要想成就多，能力必须多。"于是我开始努力超越这些预期。

随着我的成长和提高，我开始为自己设定更高的目标。这个目标一旦实现，我就会发现新的世界。这样的做法使我超越了他人。很多人都不会坚持实现自己的预期目标，更不用说超越自己的预期。于是有人注

意到了我。这为我打开了一扇
门，但是我明白如果我无法做
到不断超越，这扇门很快就会
关闭。所以我把不断超越作为

> 要想成就多，能力必须多。
>
> ——凯琳·福特

我的目标，如今它已经成了我的一种内在的生活方式。

你希望培养并且不断增加自己的合作能力吗？很简单。不断超越你的合作伙伴对你的预期，你们的合作就会不断拓展。到那时，所有人都会期望与你一起共事。

7.　尊重人际关系并在其中成长

常见的情况是，人们获得合作关系后，就会认为它理所当然。在这种情况下，合作关系就开始恶化，双方关系就会紧张，合作破裂就成为迟早的事情。因此我总是会感激我的合作伙伴，我也会努力赢得他们的尊重。但是昨日的尊重不会带来今天的兴盛。尊重的获得必须靠不断努力。我们该怎么做呢？

我加倍地注意

我加倍地服务

我加倍地努力

我加倍地创作

我加倍地成长

在我这样做的时候，我
不仅提升了自己，而且赢得了
对方的尊重。

> 昨日的尊重不会带来今天的兴盛。
> 尊重的获得必须靠不断努力。

不论你与他人的合作关系是来自你自己还是你的同事的努力，你是否尊重这种合作关系？你是否在不断努力去赢得对方的尊重？不要轻视你的同事，也不要小看他们的劳动成果。

> 当成功不是由于一人的努力，而是出自众人合作的时候，它才更有意义。
>
> ——霍华德·舒尔茨

如果你想要最大限度提升你的能力，实现你最大的梦想，那你就要选择与人合作，并提高你的合作能力。再没有比这更好的提升方式，也再没有比这更令人愉快的方式。星巴克前任总裁、CEO 霍华德·舒尔茨说过："当成功不是由于一人的努力，而是出自众人合作的时候，它才更有意义。"这话真是太对了。

关于合作能力的问题

1. 你天生爱独行，还是爱参加集体活动？你喜欢想办法与人合作，还是喜欢独自做事？你有什么办法来改变你的思维，从而培养你的合作能力？

2. 你在工作中是否受益于与某人的合作？你愿意请谁来与你合作？

3. 如果你是领导，手下有员工，你认为他们是你服务的合作对象，还是为你服务的雇员？如果你把他们看作合作伙伴，你该如何来增加你的合作能力？

19

结论——你的人生没有限制

罗伯特·舒勒曾经写过一本书《艰苦岁月不再，但是硬汉永存》（*Tough Times Never Last, But Tough People Do*）。几年前，我读到据说是他写的一篇故事。故事是这样的：

数年前，我在伦敦的时候，去了一家会所。当时里面正为一个叫马洛里（Mallory）的男人举办纪念宴会。二十世纪二十年代时，马洛里率领一支探险队，想要征服珠穆朗玛峰。第一次探险失败了。第二次也失败了。后来，马洛里找来了最优秀的团队，开始了第三次探险。但是尽管他们有精细的计划和充分的安全预防措施，灾难还是不期而至。雪崩爆发了，马洛里和大多数队员都死了。

当那少数几个幸存者回到英国后，他们举办了一场盛大的宴会，纪念马洛里和他的队友。几位幸存者的领头人站起来感谢大家的光临，然后他环顾大厅，看着马洛里和那些死去的探险队员的画像，代表马洛里和他死去的朋友，向着珠穆朗玛峰说道："珠穆朗玛峰，我以所有在世和未曾出生的勇敢者的名义对你说，你打败了我们一次，打败了我们两次，打败了我们三次，但是珠穆朗玛峰，终有一天我们一定会打败你，因为你无法变强，而我们可以。"

　　的确如此。我们可以成长，我们可以征服世界上最高的山峰。这件事过去几十年后，埃德蒙·希拉里和丹增·诺盖成功登顶珠穆朗玛峰。自那以后，有七千多人也成功登上了峰顶。

你可以成功

　　最近我与一位广播名人的谈话让我深受启发。当时我们正在谈论增加他人价值的方法，他说道："约翰，在基金这个行当里，你现在是名声斐然，大家都知道你可以增加他人的价值。这四十五年里，你是如何保持你的激情和精力的呢？"因为我们谈论的就是这个话题，所以我迫不及待地想要回答他的问题。我能保持激情的方式很简单：

　　我重视别人。

　　我相信别人可以改善自己的生活。

　　我的生活正在改善，所以可以付出更多。

　　我知道该如何来改善人们的生活。

　　在我曾经帮助过的人身上，我看到了结果。

　　他问："你给每个人都增加价值吗？"

　　我答道："当然不是，但是我认为我可以做到。"

　　为什么我相信人们有改善自己生活的能力、做出积极改变的能力、提高自己能力的能力？因为我自己就曾亲身经历过，我知道如果我能做到，那其他人也能。这其中就包括你。

　　在你即将读完本书的时候，我希望你知道，我相信你们，我相信你们实现自己能力的能力。你们要做的就是遵循下列准则：

认知 + 才干 + 选择 = 能力

如果你了解自己，也了解自己的成长能力，如果你能发展你现有的能力，如果你每天都能提高自己，你就会实现自己的能力。我希望你现在能明白，生活没有顶点。只要你还在呼吸，你就有地方要去、有办法去成长，你可以提高自己，你可以做得更多，你可以有更大的影响力。这一切都是你可以做到的事情。我希望你可以抓住这些机会，我会永远为你祝福。